자녀의 삶에 하나님을 더하라

도모생애교육신서 ⑫

자녀의 인생을 축복하는 50가지 가정교육법

자녀의 삶에 하나님을 더하라

초판 1쇄 찍은 날 · 2004년 11월 18일 | 초판 3쇄 펴낸 날 · 2008년 3월 28일

지은이 · 조만제 | 펴낸이 · 김승태

편집 · 이덕희, 방현주 | 디자인 · 이훈혜, 박한나
영업 · 변미영, 장완철 | 물류 · 조용환, 엄인휘

등록번호 · 제2-1349호(1992. 3. 31.) | 펴낸 곳 · 예영커뮤니케이션
주소 · (110-616) 서울 광화문우체국 사서함 1661호 | 홈페이지 www.jeyoung.com
출판사업부 · T. (02)766-8931 F. (02)766-8934 e-mail: edit1@jeyoung.com
출판유통사업부 · T. (02)766-7912 F. (02)766-8934 e-mail: jeyoung@jeyoung.com
제작 예영 B&P · T. (02)2249-2506~7

copyright ⓒ 2004, 조만제

ISBN 978-89-8350-334-3 (03230)

값 7,000원

■ 잘못 만들어진 책은 교환해 드립니다.
■ 본 저작물은 저작권법에 의하여 한국 내에서 보호를 받는 저작물이므로 무단 전제와 무단 복제를 금합니다.

도모생애교육신서 ⑫

자녀의 인생을 축복하는 50가지 가정교육법

자녀의 삶에 하나님을 더하라

조만제 지음

예영커뮤니케이션

머리말

"가정은 자녀들에게 어떤 곳이어야 하는가?" 가정은 부모가 자녀를 전인적 인격체로 기를 수 있는 교육의 장소가 되어야 한다. 자녀의 인생에 결정적인 좌표가 될 수 있는 곳은 가정이다. 그러므로 가정을 이끌어가는 부모는 자녀의 진정한 스승이 되어야 한다. 자녀에게 무엇을 가르치느냐에 따라서 자녀의 인격이 달라지기 때문이다.

그렇다면 "가정에서 부모는 자녀에게 무엇을 가르치고 무엇을 물려줄 것인가?" 나는 이 문제에 대한 해답을 성경에서 얻을 수 있었다.

마땅히 행할 길을 아이에게 가르치라

그리하면 늙어도 그것을 떠나지 아니하리라 (잠언 22장 6절)

위의 성경 말씀처럼 자녀를 가르치는 교육의 바탕은 신앙이어야 한다. 그러므로 나는 '모든 교육의 기초는 신앙교육' 이라는 소신을 갖고서 '한국기독청소년교육원' 을 설립하여 기독교적 세계관을 토대로 가정의 자녀들을 교육하는 일에 헌신해 왔다. 자녀들에게 '인생' 의 근본과 '성공'의 참된 의미를 가르쳐 주고, 하나님의 일꾼으로서 살아가는 일이 얼마나 귀한 것인가를 깨닫게 해 주는 참된 교육이 이루어져야 한다. 이러한 교육적 소신을 바탕으로 나는 "가정에서 부모가 자녀에게 왜 신앙을 물려주어야 하며 어떻게 물려줄 것인가?"를 구체적으로 정립하여 크리스천 부모들에게 소개하고 싶었다. 인본주의적 가치관이 세상을 지배하고 있는 오늘의 시대에서 우리의 자녀들에게 기독교 신앙을 물려주는 일이 가정을 지키고 행복한 나라를 만드는 지름길이라는 것을 크리스천 부모들에게 일깨워 주고 싶었다.

지금도 부모들 중에는 물질, 명예, 권력, 사회적 지위, 쾌락, 편리를 추구하는 사람들이 적지 않다. 영혼보다는 육체를, 정신보다는 물질을, 나눔보다는 소유를, 봉사보다는 일신의 안녕을 선호한다. 이러한 부모들은 스스로 욕망의 노예로서 살아가기 때문에 자녀마저도 이기주의자로 키워 내게 마련이다.

그들은 조화와 협력을 가르치는 것이 아니라 경쟁과 쟁취를 가르치고 있다. 정직과 성실을 심어 주는 것이 아니라 타협과 처세술을 심어 주고 있다. 이해심과 관용을 길러 주는 것이 아니라 독선과 편협한 마음을 길러 준다. 이런 부모들은 자녀에게 무엇을 물려주게 될까? 기껏해야 편안하게 살 수 있는 물질과 재산을 물려주면 그만이다.

그러나 땀 한 방울 흘리지 않고 손쉽게 재산을 물려받아 안락을 누리고 있는 자녀들은 재산을 잃어버리기 쉽다. 그 재산을 다 잃어버리고 역경에 처한다면 과연 그들은 남은 인생을 어떻게 살아가겠는가? 결코 보람 있는 삶을 살지 못할 것이다. 그들은 인생의 의미를 물질에서만 찾기 때문이다. 부모로부터 물질 이외엔 아무것도 받지 않았기 때문이다.

자녀들이 고난과 역경을 이겨내고 보람된 인생을 살아가기 위해서는 부모로부터 무엇을 물려받아야 할까? 지성, 이타적 사랑, 풍부한 정서,

도덕성 등을 물려받아야 하며 궁극적으로 하나님을 향한 신앙을 물려받아야 한다. 우리의 자녀들이 신앙의 바탕 위에서 지성, 감성, 덕성이 조화된 인물로 성장해야만 인생에서 진정한 성공을 거둘 수 있다.

진정한 성공이란 출세가 아니다. 성공이란 많은 돈과 높은 권력을 소유하는 것도 아니다. 우리의 자녀들이 신앙의 힘으로 지식, 감정, 물질을 사용하여 사람들에게 하나님의 사랑을 안겨 주는 길을 걸어간다면 이것이야말로 진정한 성공이 아니고 무엇이겠는가?

부모들은 자녀에게 성공의 길잡이가 되어야 한다. 어떻게 해야만 성공의 안내자 역할을 제대로 할 수 있을까? 간단하면서도 어려운 비결이 한 가지 있다, 바로 "자녀의 삶에 하나님을 더하는" 것이다. 하나님께서는 자녀의 단점과 부족함을 채워 주시는 분이다. 그분은 자녀에게 고난과 역경을 극복할 수 있는 지혜를 주시는 분이다. 그것을 믿는다면 이제부터라도 크리스천 부모들은 세상의 그 무엇과도 바꿀 수 없는 하나님을 향한 신앙을 자녀에게 유산으로 물려 주어야 한다.

나는 이러한 기독교적 교육 철학을 바탕으로 크리스천 가정의 자녀들을 전인적 인격체로 성장시킬 수 있는 지혜와 비결을 한 권의 책 속에 담아 보았다. 그러나 나무의 수많은 줄기와 가지는 모두 하나의 뿌리에서 솟아나듯이, 이 책은 '자녀교육'의 모든 길은 신앙에서 출발하여 신앙으로 귀결된다는 것을 말해 줄 것이다. 이러한 영성(靈性)의 토대 위에서 지성, 감성, 덕성이 조화된 전인적 인격체를 길러내는 것이 부모의 참된 '성공'이요 또한 자녀를 '성공'으로 이끄는 지름길임을 깨닫게 해 줄 것이다.

제1장에서는 부모의 신앙이 자녀의 삶을 지탱해 주는 '주춧돌'이 된다는 것을 일깨워 줄 것이다.

제2장에서는 자녀에게 신앙을 물려 주려면 먼저 부모의 삶이 자녀

에게 귀감이 되어야 한다는 것을 가르쳐 주고자 한다. 부모의 진실한 삶이 '자녀의 삶에 하나님을 더하는' 첩경임을 알게 될 것이다.

제3장에서는 자녀의 지적 능력을 길러 주기 위해 부모는 자녀에게 '책읽기'의 안내자이자 독서 교사의 역할을 감당하는 데 도움이 될 것이다.

제4장에서는 자녀의 마음 속에 풍부한 정서의 샘물을 부어 주기 위해 사랑의 두레박을 준비해야 한다는 교훈을 전해 줄 것이다.

제5장에서는 성경 말씀을 가치판단의 척도로 삼아 자녀에게 '도덕적 실천'의 힘을 길러 주려는 부모의 정성어린 노력을 호소하였다.

제6장에서는 가정을 제2의 교회로 삼아 자녀에게 신앙교육의 전통을 전승하는 길을 제시함으로써 부모가 자녀에게 물려주어야 할 '유산'이 무엇인지 밝혀줄 것이다. '자녀의 삶에 하나님을 더하는' 일이 크리스천 부모의 소명임을 일깨워 주는 교육적 선언문을 만나게 될 것이다.

자녀들의 영혼은 하나님이 낳아 주신 한 그루 나무이다. 크리스천 부모의 베개맡을 적시는 눈물의 기도와 헌신의 땀방울로 자녀의 영혼을 아름드리 나무로 키워 내는 데 나의 책이 큰 도움을 안겨 주기를 간절히 소망한다. 그 영혼의 나뭇가지에서 지정의(知情意)가 조화를 이룬 전인의 열매를 추수하게 되기를 주님께 기도한다.

끝으로 출판 시장의 열악한 상황에도 불구하고 본인의 교육적 소신에 공감하여 기꺼이 책을 출간해 준 예영커뮤니케이션의 김승태 사장님께 감사의 말씀을 드리며, 아울러 이 책의 문장들을 세심하게 정리하고 감수해 준 둘째 사위 송용구 교수에게도 감사의 마음을 전한다.

2004년 10월 3일
저자 조만제

차 례

1장 가정에 믿음의 주춧돌을 세워라

* 가정을 하나님의 학교로 만들어라
* 믿음의 주춧돌을 세워라
* 가정을 천국의 모형으로 바꾸어라
* 가정을 신앙공동체로 만들어라
* 사람다운 사람이 되게 하라
* 새로운 가족 문화를 만들어라
* 성경의 원리대로 가정을 가꾸어라

가정을 하나님의 학교로 만들어라

PLUS GOD TO YOUR CHILDREN

왜 자녀들에게 질서와 권위를 가르쳐야 할까

가정은 하나님의 창조적 질서 속에서 조직된 기본 단위이다. 이것은 하나님의 은혜로 인간에게 주어진 것이다. 그래서 가정은 '작은 천국'이라는 말이 있고, '사랑과 신뢰로 뭉쳐진 삶의 안식처' 요 '행복의 샘터' 라고 한다.

인류가 존재하는 동안 가정은 계속 존재할 것이다. 그런데 오늘날에 와서는 수많은 가정들이 파괴되고 흔들리고 있다. "어느 가정이나 위협을 받고 있다."는 생텍쥐페리(Saint-Exupery)의 말처럼 존속하는 가정조차도 사랑이 메마른 사막으로 변해 가고 있다.

가정은 행복을 주는 푸른 초장이며, 잔잔한 호수와 같은 곳이다. 건전한 가정, 행복한 가정, 단란한 가정이 많은 사회와 국가는 흥하지만 가정이 불안하거나 파괴되면 나라도 흔들리게 마련이다. 참으로 가정은 하나님께서 인간의 땅에 세우신 첫 제도이다. 오늘날도 하나님께서는 우리들의 가정을 귀중하게 여기신다. 가정에 대한 하나님의 계획은 놀랍도록 크고 신비스럽다. 하나님이 계획한 가정은 어떤 곳인가?

가정은 인류의 생명을 이어가는 탯줄과 같다. 하나님은 사람들에게 "생육하고 번성하여 땅에 충만하라. 땅을 정복하라. 모든 생물을 다스리라."고 명하셨다. 그리고 "생육하고 번성하는" 복을 위하여 하나님은 가정이라는 기관을 움직이신다. 가정은 한 세대와 또 한 세대를 이어 가는 생명의 탯줄이요 인류의 역사를 지속시키는 신령한 보금자리이다. 가정은 신앙교육의 요람이다.

가정은 하나님의 섭리를 대행하는 자리이다. 이 세상은 하나님의 계획과 섭리에 따라 통치되고 다스려진다. 이 땅 위에 하나님의 뜻을 이루기 위해 그분의 사역을 위임받은 기관이 가정과 교회이다. 그 가운데 가정은 최초의 것이요, 인류가 존재하는 한 역사의 최후까지 존재할 섭리의 울타리와 같다.

또한 가정은 이 시대의 권위와 질서를 창출하는 자리이다. 현대 사회는 권위와 질서의 몰락으로 비틀거리고 있다. 이러한 권위와 전통의 몰락을 막을 수 있는 곳, 그리고 이 사회의 권위를 생성시키는 자리로서 가정은 그 마지막 보루의 역할을 맡게 된다.

성경은 가정생활에서 절대적인 권위와 질서의 개념을 고수할 것을 명하고 있다. "아내들이여 자기 남편에게 복종하기를 주께 하듯 하라"(엡 5:22)는 복종을 통한 권위와 "남편들아 아내 사랑하기를 그리스도께서 교회를 사랑하시고 자기 몸을 주심같이 하라"(엡 5:25)는 사랑의 질서를 가르친다. 부모와 자녀 사이에도 권위와 질서는 분명하다. 자녀는 부모를 주 안에서 순종하며, 부모는 자녀를 노엽게 하지 아니하고, 주님의 절대적 훈계로 양육할 의무와 책임이 있다(엡 6장).

어떻게 하면 모든 것이 충만한 가정으로 만들까

가정 생활에서 이와 같은 질서와 권위가 형성될 때, 사회적 아노미 현상은 방지될 수 있다. 또한 가정은 인류와 역사를 치유하는 자리이다. 오늘의 사회는 생존경쟁의 시대이다. 이러한 시대 상황은 수많은 상처를 남기게 마련이다. 개인의 인격은 멍들어 가며 사회는 아픔을 겪는다. 그러나 이러한 모든 찢김과 아픔을 감싸고 싸매어 줄 치유의 자리를 우리는 가정 안에서 발견하게 된다.

가정은 지친 인생에 격려와 용기를 주고, 시들어 가는 사회에 생기를 부어 주는 역할을 맡는다. 모든 가정마다 섬김과 사랑, 용서와 평화라는 가정 본래의 기능을 유지하는 한, 가정을 통해 치유 받지 못할 문제는 없을 것이다. 가정에 대한 바른 이해는 사회와 국가를 건강하게 만든다. 건강한 가정은 인류의 희망이 태어나는 모태이다. 그러나 이 모든 기대는 가정에서 철저하게 신앙교육을 실시할 때 복된 열매를 맺을 것이다.

돈 가지고 좋은 음식은 살 수 있으나 맛있게 먹을 수 있는 식욕은 살 수 없듯이, 가정의 행복도 돈으로는 살 수 없다. 오직 하나님을 향한 믿음만이 가족의 심령을 부요하게 만들고 이 부요만이 가족을 행복하게 만든다. 사도행전 16장 34절에서 "온 집이 하나님을 믿었으므로 크게 기뻐하니라"고 했듯이 믿음이 행복한 가정을 낳는다.

믿음이 충만한 가정엔 사랑이 넘친다. 사랑은 인생을 즐겁게 한다. 사랑은 기쁨을 생산한다. 사랑은 인생을 행복하게 한다. 일본의 우치무라 간조(內村鑑三) 선생은 "가정은 행복을 저축하는 곳이지 행복을 채굴하는 곳이 아니다. 얻기 위해 이루어진 가정은 반드시 무너질 것이요,

주기 위해 이루어진 가정만이 행복한 가정이다.”라고 말했다. 사랑이 행복한 기적을 만든다는 것을 시사하는 말이다.

사랑이 메마르지 않는 가정엔 잘못을 용서하는 넉넉한 마음이 있다. 인간은 누구나 허물이 많기 때문에 그 부족함을 채워 주기 위해 하나님께서 반려자인 부부를 짝지어 주셨다. 그러므로 부부 사이에는 이해하고 허물을 덮어 주고 용서해야 한다. 부부의 관계는 심판하는 것이 아니라 부족함을 서로 채워 주고 힘을 주고받아야 할 관계라는 것을 잊지 말아야 한다.

가족의 허물을 이해하고 용서하는 가정엔 아름다운 대화가 끊이지 않는다. 현대인의 가정에서 일어나는 비극은 대화의 단절이나 부정적인 언어에 기인한다. 행복한 가정은 언제나 대화의 창이 열려 있어 갈등과 불신을 극복해 나간다. 대화할 때는 서로가 숨김없이 마음의 생각을 고백하되, 화평을 이루는 말을 하도록 힘써야 한다. 이러한 대화가 있을 때 행복한 가정을 만들 수 있다.

PLUS+GOD 자녀의 삶에 하나님을 더하라

가족의 허물을 이해하고 용서하는 가정엔 아름다운 대화가 끊이지 않는다. 현대인의 가정에서 일어나는 비극은 대화의 단절이나 부정적인 언어에 기인한다. 행복한 가정은 언제나 대화의 창이 열려 있어 갈등과 불신을 극복해 나간다. 대화할 때는 서로가 숨김없이 마음의 생각을 고백하되, 화평을 이루는 말을 하도록 힘써야 한다. 이러한 대화가 있을 때 행복한 가정을 만들 수 있다.

가정에 사랑이 가득 깃들게 하자

가정에 대해 푸커트는 “가정은 하나님에 대한 최초의 교육 기관이고, 인격적 요람이며, 잠재적인 가장 위대한 교사이고, 선교 기관이며, 문화의 교환자이고 악에 대한 장벽이며, 교회의 방파제”라고 말하였다.

이처럼 가정이란 서로의 성실함과 우정과 도움이 만나는 장소이다. 가정은 어린 자녀들의 최초의 학교요 최초의 교회이다. 가정은 상함과

+GOD
가정은 행복을 저축하는 곳이지 행복을 채굴하는 곳이 아니다. 얻기 위해 이루어진 가정은 반드시 무너질 것이요, 주기 위해 이루어진 가정만이 행복한 가정이다.” – 우치무라 간조

아픔을 싸매 주는 치유의 장소이고, 기쁨과 슬픔을 함께 나누는 곳이다. 가정은 어버이가 존경 받고 어린 자녀들이 사랑 받는 곳이다. 이러한 행복한 가정을 유지하려면 믿음, 소망, 사랑, 용서, 대화가 그치지 않아야 한다.

그리스도인들은 부부 사이에 서로 돕는 배필로서의 사랑이 있었는지, 부모를 얼마나 공경했는지, 자녀들과 화목한 시간을 보냈는지 반성하고 앞으로의 다짐과 각오를 새롭게 해야 한다. 부모들은 자녀들에게 어떤 유산을 물려줄 것인지 진지하게 생각해 보고, 가정을 사랑의 동산으로 가꾸는 방법을 찾아야 한다.

존 베일리(John Bayley)는 그의 기도문에서 "삶을 같이하는 가정과 사랑하는 가족들을 위해 하나님께 감사드린다."고 했다. 하나님은 인간을 창조하시고 가정을 선물로 주셨다. 가정은 사랑의 공동체이다. 사랑의 가정은 사막의 오아시스와 같은 시원함을 준다. 그리스도인의 가정은 사랑의 프로그램을 독창적으로 개발하여 자녀로 하여금 평화와 희망을 갖도록 해야 한다.

오늘날 많은 가정들이 텔레비전 시청 때문에 가족들이 함께 사랑을 나누는 식사 시간, 대화 시간, 노래 시간을 빼앗기고 있다. 하지만 우리 그리스도인의 가정만이라도 사랑을 함께 나누는 시간이 많았으면 좋겠다. 한 예로서 가족이 함께 둥글게 모여 앉아서 손을 잡고 부모들이 먼저 아이들 하나하나 이름을 불러 주면서 다음과 같이 말해 보자.

"하나님께서는 ○○를 사랑하신단다. 그리고 아빠, 엄마도 ○○를 사랑한다." 우리는 자녀들에게 사랑한다고 말하고 있는가? 사랑의 언어는 사랑의 행동과 다를 바 없는 따뜻함을 지니고 있다. 물질적인 것만이 사랑의 표현은 아니다. 부모가 사랑의 표현에 인색할 때 자녀의 성장은 장애를 일으킨다.

　가정의 출발은 사랑에서 비롯되며, 결혼은 사랑의 연결이다. 성경은 "이와 같이 남편들도 자기 아내 사랑하기를 제 몸같이 할지니 자기 아내를 사랑하는 자는 자기를 사랑하는 것이라"(엡 5:28)고 말씀하고 있다. 남편과 아내, 부모와 자녀가 서로 협조하며 서로 존경하는 가정이 되어야 한다. 자기의 주장만 내세우지 말고 가족의 의견을 경청해야 한다. 그러기 위해서 가정은 자비와 겸손과 온유를 바탕으로 모든 악한 세력과 음행과 더러운 것 그리고 모든 세속적인 욕망을 정화하는 곳이 되어야 한다.

　"그러므로 너희는 하나님의 택하신 거룩하고 사랑하신 자처럼 긍휼과 자비와 겸손과 온유와 오래 참음을 옷 입고 누가 뉘게 혐의가 있거든 서로 용납하여 피차 용서하되 주께서 너희를 용서하신 것과 같이 너희도 그리하고 이 모든 것 위에 사랑을 더하라 이는 온전하게 매는 띠니라"(골 3:12-14)

믿음의 주춧돌을 세워라

그리스도가 중심이 된 가정

그리스도인의 가정은 그리스도의 말씀을 중심으로 사랑과 봉사와 평화로써 이룩된 가정이라야 한다. 조지 뮬러 (George Muller)는 결혼 생활의 목표를 "그리스도를 위해 사는 것"으로 결정하였다. 그는 사업에서 풍부한 축복을 받았다. 그는 일하러 가기 전에 기도하고 성경 읽는 습관을 가졌다. 그는 "20년, 30년 전, 그보다 더 오래 전부터 은밀한 기도와 가족 기도회에서 아내와 나는 가장 감사한 것과 그날의 가장 중요한 점을 기도드렸다."라고 간증한 바 있다.

가정은 하숙집이 아니다. 창고도 아니며 탁아소도 아니다. 가정은 거룩하신 하나님이 계신 곳이다. 따라서 가정은 성소이다(엡 5:31-33). 영어

PLUS+GOD 자녀의 삶에 하나님을 더하라

가정은 하숙집이 아니다. 창고도 아니며 탁아소도 아니다. 가정은 거룩하신 하나님이 계신 곳이다. 따라서 가정은 성소이대(엡 5:31-33). 영어에서 가장 아름다운 세 개의 말이 있다. 그것은 Heaven(하늘), Mother(어머니), Home(가정)이다. 이 셋은 서로 고유한 특징을 지니고 있으면서도 연대성을 가진다.

+GOD

"20년, 30년 전, 그보다 더 오래 전부터 은밀한 기도와 가족 기도회에서 아내와 나는 가장 감사한 것과 그날의 가장 중요한 점을 기도드렸다." – 조지 뮬러

에서 가장 아름다운 세 개의 말이 있다. 그것은 Heaven^(하늘), Mother^(어머니), Home^(가정)이다. 이 셋은 서로 고유한 특징을 지니고 있으면서도 연대성을 가진다.

신학자 존 칼빈^(John Calvin)은 일찍이 "가정은 교회 안에 있는 또 하나의 작은 교회이다."라고 말한 바 있다. 그리스도가 교회의 머리이듯이 가정의 주인도 그리스도이시다.

"그러므로 너희가 그리스도와 함께 다시 살리심을 받았으면 위엣 것을 찾으라 거기는 그리스도께서 하나님 우편에 앉아 계시느니라 위엣것을 생각하고 땅엣것을 생각지 말라 이는 너희가 죽었고 너희 생명이 그리스도와 함께 하나님 안에 감추었음이니라 우리 생명이신 그리스도께서 나타나실 그때에 너희도 그와 함께 영광 중에 나타나리라"^(골 3:1-4)

성경 말씀에 잘 나타나 있듯이 우리의 가정을 다스리시는 분은 그리스도이시다. 그리스도는 모든 가정의 영적인 주인이시다. 크리스천 가정은 하나님께서 계시는 작은 교회 즉 성소이다.

그러므로 온 가족이 함께 모여 하나님께 가정예배를 드리는 것은 일상생활이 되어야 한다. 가정의 호주는 하나님이시며 가장은 그리스도이시기에 온 가족이 함께 모여 예배를 드려야 한다. 그리스도인의 가정이라고 하면서 초·중·고등학교 시절에 가정예배를 드리지 않는다면 자녀들의 영혼은 무엇으로 양식을 삼을 것인가? 자녀들의 영혼이 궁핍해져서 절름발이 인생을 살아간다면 그 책임을 누구에게 돌릴 것인가?

우리의 생명은 우리의 것이 아니라 하나님의 것이다. 하나님께서 독생자이신 그리스도의 피 값으로 사신 생명이다. 따라서 부모의 의지대로 움직이는 가정이 아니라 예수 그리스도의 뜻대로 살아가는 그리스도인의 가정이 되어야 한다. 사도 바울이 "내가 산 것이 아니요 오직 내 안에 그리스도께서 사신 것이라."(갈 2:20)라고 고백했던 것처럼 가정을 움직이는 근원적 힘은 하나님의 말씀과 예수 그리스도의 사랑이다. 이제 모든 가정에서 부모는 자녀에게 그리스도의 사랑을 심어 주는 거룩한 도구가 되어야 한다.

자녀의 신앙 훈련은 꾸준히 해야 한다

그리스도인의 가정은 정치가의 가정, 재벌가의 가정, 학자의 가정, 과학자의 가정, 군인의 가정을 모델로 삼기보다는 사랑의 덕을 나누는 가정, 신앙생활을 가르치는 가정, 그리스도와 함께 사는 가정으로 거듭나야 할 것이다.

가정은 훌륭한 가르침을 물려주는 곳이다. 유대인이 개인적으로 우수한 능력을 발휘하면서도 민족 의식이 투철한 것은 어릴 때부터 가정에서 철저한 신앙교육을 받았기 때문이다.

신명기에는 다음과 같은 말씀이 있다. "오늘날 내가 네게 명하는 이 말씀을 너는 마음에 새기고 네 자녀에게 부지런히 가르치며 집에 앉았을 때에든지 길에 행할 때에든지 누웠을 때에든지 일어날 때에든지 이 말씀을 강론할 것이며 너는 또 그것을 네 손목에 매어 기호를 삼으며 네 미간에 붙여 표를 삼고 또 네 집 문설주와 바깥문에 기록할지니라"(신 6:6–9).

유대인들은 나라 없이 2,000년 동안 역사의 광야를 떠돌아 다녔다. 비록 그들에게는 정치적 터전이 없었지만 그들의 삶을 지탱해 준 터전은 정치가 아니라 신앙이었다. 그들은 신앙의 반석 위에서 다시 나라를 세울 수 있었다. 그들은 각계각층에서 최고의 두뇌를 길러내고 노벨상 수상자의 3분의 1 가량을 배출하였다. 이러한 결과는 가정의 신앙교육이 낳은 당연한 열매이다. 유대인 가정에서 부모는 자녀에게 모든 생활의 근본은 하나님의 말씀이라는 것을 가르치고 하나님의 뜻 안에서 모든 일을 행하도록 권면하였기 때문이다.

가르침이 상실된 가정은 발전과 성장이 없다. 부모는 자녀를 잘 가르쳐야 한다. 그리고 자녀는 부모님의 가르침에 순종해야 한다. 그렇지 않은 가정에서는 자녀의 지성적, 인격적 성장을 기대할 수 없다.

부모는 자녀들에게 모범을 보이며 부지런히 가르쳐야 한다. 가정예배, 가정 기도, 성경 읽기, 종교 서적, 교양 서적 등을 통해 어려서부터 올바른 인격이 형성되도록 자녀의 신앙훈련에 정성을 다해야 한다.

이러한 신앙훈련은 자녀들의 유년 시절부터 시작해야 한다. 부모와 함께 드리던 가정예배, 가족이 함께 손을 잡고 교회 가던 길, 서로를 위해 기도함으로써 진정한 도움이 되고 기도가 응답된 이야기들, 자녀들의 이름을 하나하나 불러 가며 기도하는 어머니의 모습, 부모님이 들려주시던 성경의 이야기들을 통해 우리 자녀들의 신앙이 자란다. 우리의 자녀들이 장차 기성세대가 되었을 때, 이러한 신앙훈련들을 되돌아보면서 가정과 부모에 대해 아름다운 추억의 페이지를 읽게 되기를 소망해 본다.

가정을 천국의 모형으로 바꾸어라

PLUS GOD TO YOUR CHILDREN

하나님을 가족의 중심으로 모셔라

미래학자 앨빈 토플러(Alvin Toffler)는 『제3의 물결』이란 책에서 가정 제도가 없어질 시대를 전망하였다. 오늘날 선진국가에서는 계약 결혼이 성행하고 있다. 앨빈 토플러에 따르면, 미래에는 결혼 제도가 없어질 것이기 때문에 어느 도시에 가든지 자기의 필요에 따라 일정한 기간 동안 계약을 맺고 사는 부부 관계가 성행하게 될 것이라고 전망하였다.

집을 교환하고 매매하듯이 하루 혹은 일주일 동안 함께 지낼 사람을 소개시켜 주는 업종이 사업체로 등장하게 될 것이라고 그는 내다보았다. 자녀를 얻고 싶을 때에도 인간 공장에서 자기의 취향에 맞는 자녀를 생산해 달라고 주문을 하면 원하는 자녀를 만들어 줄 수 있다는 것이다. 요즘 시험관 아기가 탄생하는 것을 보면 가정의 기본 구조가 흔들리고 있는 것만큼은 분명하다.

이미 말세의 징조로서 가정의 윤리성 혹은 영적인 근본이 흔들리고 있다. 인류의 종말이 오고 있음을 예고하는 것이다. 이러한 때에 우리 그리스도인들은 가정의 의미와 중요성에 대해 분명히 알아야 한다. 가정이란 하나님께서 만드신 사랑의 동산이다. 하나님께서는 이 사랑의 동산에서 살아가는 남녀들에게 여러 가지 규례를 주셨다.

하나님께서 하와를 아담에게 데려갔을 때에 아담이 말하기를 "이는 내 뼈 중의 뼈요 살 중의 살이라"라고 하였다. 하나님께서는 두 사람을 향해 '한 몸'으로 "생육하고 번성하라. 간음하지 말라. 이혼하지 말라. 자녀를 잘 키워라. 부부가 서로 사랑하라."고 명령하셨다.

예수님께서도 이를 다시 확인하시듯 "이혼하지 말라. 간음하지 말라."는 말씀을 거듭 강조하셨다. 또한 "자녀를 소유물로 삼지 말고 부모를 하나님 섬기듯 섬기며, 아내는 남편을 그리스도 섬기듯이 섬기고, 남편은 아내를 사랑할 때 그리스도께서 교회를 위해 희생한 것처럼 사랑하라."고 하셨다.

이 지구상의 가정은 곧 천국의 모형이다. 오늘날 사회의 타락과 교회의 부패는 결국 가정이 제대로 서 있지 못한 데서 기인한다. 이제 우리는 가정을 지켜야 한다. 가정을 지킨다는 것은 여호와 하나님을 온 가족의 중심으로 세우는 일이다. 청소년 문제의 근본적 책임은 가정에 있다. 자녀들을 교육하는 데 있어서 부모가 자녀의 출생 이전부터 올바른 교육을 받을 때, 출생한 자녀들에게 지성과 도덕성과 정서와 신앙을 유산으로 물려줄 수 있다.

쟝 밀레(Jean F. Millet)의 〈만종〉이라는 그림을 나는 중학교 시절부터 좋아했다. 이 그림에는 세 가지의 신성성(神聖性)이 나타나 있다. 첫째는 노동의 신성성, 둘째는 부부의 신성성, 셋째는 종교의 신성성이다. 이 세 가지는 다 하나님을 향하고 있다. 부지런히 일하는 것, 부부가 연합하는 것, 기도하는 것을 나타내기 때문이다. 땀 흘려 일하지 않는 가정, 부부가 함께 연합하지 않는 가정, 하나님께 기도하지 않는 가정은 불행한 가정이다.

가정은 하나님을 배우는 곳이요 하나님께 예배드리는 곳이다. 하나님의 말씀이 없는 가정, 예배 없는 가정, 기도 없는 가정은 생명이 없고 뿌리가 없고 영혼이 없는 가정이다.

'사랑'은 표현할 때까지 사랑이 아니다

가정이라는 곳은 신성한 의미를 지닌 장소이다. 그곳은 하나님께서 주인이 되어 다스리시는 세계이다. 성경에서 '하나님은 사랑'이라고 하였다. 따라서 가정은 돈이나 권력이 지배하는 곳이 아니라 사랑이 지배하는 곳이다. 가정은 희로애락이 있으며, 가난하고 부요한 것, 건강하고 약한 것을 똑같이 나누어 가질 수 있는 곳이다.

가정을 예찬한 노래 중에서 "즐거운 나의 집"(Home, Sweet Home)이라는 노래가 있다. 이 노래를 작사한 존 하워드 페인(John Howard Payne)은 영국 런던의 화려한 주택가를 아침 저녁으로 지나다녀야 했다. 배가 고프고 날씨는 추운데 돌아갈 집이 마땅치 않게 된 그는 너무나 사무치도록 그리운 자신의 집을 그리워하면서 이 노래를 지었다고 한다.

유럽의 가정은 어떤 곳인가? 온 식구가 벽난로에 둘러앉아 아빠가 설교하고 돌아가면서 기도하는 그런 가정을 연상하게 된다. 어렸을 때부터 부모의 슬하에서 성경을 배우고 기도의 탯줄에서 믿음의 열매로 자라나는 것이 그곳의 가정이다.

좋은 가정에서 좋은 아버지와 좋은 어머니를 모시고 있을 때에만 좋은 자녀가 나오는 법이다. 자녀는 부모를 닮아 간다. 자녀는 부모의 축소판이다. 자녀에게 기도를 가르치려면 기도하는 부모가 되어야 하고, 자녀에게 하나님의 사랑을 가르치려면 부모가 먼저 하나님의 사랑을

+GOD
자녀를 소유물로 삼지 말고 부모를 하나님 섬기듯 섬기며, 아내는 남편을 그리스도 섬기듯이 섬기고, 남편은 아내를 사랑할 때 그리스도께서 교회를 위해 희생한 것처럼 사랑하라."

실천해야 한다. 스스로 먼저 하나님 앞에 바로 설 때 자녀들이 올바른 생활을 한다는 것은 변하지 않는 진리이다. 그런 의미에서 나는 나의 부모님께 감사하지 않을 수 없다.

허만 슈타인(Herman Stein)의 시 가운데 다음과 같은 구절이 있다.

> 종은 울릴 때까지 종이 아니다.
> 노래는 부를 때까지 노래가 아니다.
> 사랑은 표현할 때까지 사랑이 아니다.

평소에 가정에서 사랑을 표현해야 한다. 가족간의 인격을 높여 주고, 서로 존중하며, 서로를 위해 하루도 잊지 않고 기도할 수 있어야 한다. 기도보다 더 귀한 선물은 없다. 기도는 곧 사랑의 표현이기 때문이다.

크리스천 가정에서 가장 중요한 것은 사랑이다. 부부 관계나 부자 관계에서 공통된 윤리는 순종이지만, 그러나 이 순종도 사랑에서 나온 것이어야 한다. 어쩔 수 없는 의무로써 감당하는 것은 사랑이 아니다. 하나님께서 우리를 사랑하시는 것과 같은 헌신적인 사랑이어야 한다. 조건 없는 아가페 사랑이어야 한다.

사랑에서 비롯되지 않은 순종은 권위에 굴종하는 것이며, 형식적이며 위선적인 가식에 불과하다. 이런 가정은 겉으로 보기에는 아무 문제가 없고 평온한 것처럼 보이지만 내적인 갈등과 공허감, 불안이 늘 도사리고 있다. 가족의 모든 구성원들이 그리스도의 조건 없는 사랑을 함께 나누며 살아갈 때 그 가정은 하나님이 세우신 교회로서의 사명을 감당할 거룩한 터전이 될 것이다.

감화를 주는 부모가 되자

N. B. 해리슨(N. B. Harrison)은 "하나님께서 세우신 기관은 둘 밖에 없다.

하나는 가정이요, 하나는 교회이다."라고 말했다. 가정은 한 마디로 하나님의 창조적인 사역이 이루어지는 교회요, 창조의 질서로 움직이는 동산이며, 하나님의 명령에 의해 진행되는 거룩한 역사(歷史)이다. 또한 가정은 사람이 사는 사회 중에서 가장 작은 단체이면서도 교회와 사회, 국가에 가장 큰 영향을 끼친다.

참된 가정을 이루려면 하나님 앞에서와 예수 그리스도 안에서 바로 서야 한다. 부모와 자녀 사이에 주님께서 계심을 알아야 한다. 예수 그리스도가 가정의 공통 분모라는 인식으로부터 가정의 모든 행동이 출발해야 한다.

가정은 당위성에 의해서만이 아니라 그리스도를 통한 믿음 안에서 활동해야 한다. 가정의 중심은 곧 신앙이어야 하고 신앙의 훈련장은 곧 가정이어야 한다. 디모데에겐 거짓이 없는 믿음이 있었고 이 믿음의 출처는 바로 가정이었다(딤후 1:5).

오늘날 청소년의 범죄와 탈선이 급증하게 된 책임은 학교나 사회에 있기보다는 신앙이 결핍된 가정에 있음을 알아야 한다. 가정에서 부모와 자녀의 대화의 출구가 막히는 까닭에 청소년들은 인터넷과 컴퓨터 게임에 중독된다. 부모들이 자녀의 실수를 용납하지 않기 때문에 청소년들은 자신들의 마음을 달래기 위해 술과 담배에 빠져든다. 부모로부터 신앙적인 감화를 받지 못했기 때문에 청소년들은 옳고 그름에 대한 판단 기준을 갖지 못한다. 청소년 문제의 근본 책임은 가정의 부모에게 있는 것이다.

자녀는 무슨 일에 있어서나 부모의 감화를 받고 또 부모의 교육 방식에 따라 성장해 나간다. 우리의 가정은 믿음의 가정이 되어야 하며, 자녀들에게 신앙의 자양분을 충분히 공급할 수 있는 교육 장소가 되어야 한다.

가정을 신앙공동체로 만들어라

● PLUS GOD TO YOUR CHILDREN

삶의 터전을 만들어 주어라

가정이 없는 것은 새에게 보금자리가 없는 것과 같다. 인간은 가정에서 태어나 가정의 보호 속에 성장한다. 인간으로서 갖추어야 할 인생의 지혜와 도리를 터득하는 곳도 가정이며, 자녀가 성장한 뒤에 새로운 가정을 이룰 수 있는 기반도 지금의 가정이다. 그러므로 가정은 삶의 터전이며 행복의 근원이다. 시인 T. S. 엘리어트(T. S. Eliot)는 "가정과 가정생활의 안전과 향상이 문명의 중요 목적이요, 모든 산업의 궁극적 목적이다."라고 말한 바 있었다.

가정교육이 열악한 상태에서는 학교 교육·사회 교육·종교 교육을 올바르게 수용할 수 없다. 교육이 없는 가정은 감정이 메마른 인간과 이성이 결여된 인간을 기른다. 교육에 전적인 중요성을 두지 않는 가정은 무질서의 세계를 탄생시키는 독버섯과 같다. 가정에서 이루어지는 교육은 지식의 주입보다는 자녀에게 사회 문제를 스스로 해결해 나

+GOD
가정과 가정생활의 안전과 향상이 문명의 중요 목적이요, 모든 산업의 궁극적 목적이다." – T. S. 엘리어트

가는 방법론을 깨닫게 해야만 한다.

부모는 자녀들을 이끌어 주는 교사이며 안내자이다. 어머니는 자녀에게 사랑과 자비와 봉사 정신을 길러 주고, 아버지는 어려운 난관을 극복하는 극기의 의지를 일깨워 주어야 한다.

부모는 자유를 찾되 방종하지 않는 분별력을 자녀에게 심어 주어야 한다. 실리를 추구하되 봉사를 아끼지 않는 넉넉한 마음을 키워 주어야 한다. 잘한 점을 칭찬하고 권장하며, 나쁜 행동에 대해서는 개선의 노력을 게을리 하지 않도록 충고해야 한다.

매를 통해서 부모가 불의를 용서하지 않는다는 것을 보일 때도 있어야 한다. 그러나 자녀를 꾸짖거나 사랑의 매를 들 때는 그만한 충분한 이유가 있어야 한다. 어린 자녀들이 충분히 납득할 수 있도록 하지 않으면 안 된다. 부모의 감정을 인내하고 자제하지 않는다면 매를 드는 것이 오히려 역효과를 가져올 수도 있다. 매를 드는 것이 진실로 자녀를 위하는 것임을 자녀 스스로 느낄 수 있도록 분노를 자제하고 냉철하게 자녀의 잘못이 무엇인지를 일깨워 주어야 한다. 그리고 책망 뒤에는 반드시 따뜻한 손길로 어루만져 주고 용기와 격려를 주는 시간을 가져야 한다. 이런 과정이 없다면 자녀는 부모의 진정한 사랑을 느낄 수 없다.

마음과 영혼을 닦아 주어라

자녀에 대한 교육은 합리적이며 공평하고 일관성이 있어야 한다. 가정보다 더 좋은 교육을 보장해 줄 수 있는 교육 기관은 없다. 그런데

+GOD 이와 같이 남편들도 자기 아내 사랑하기를 제 몸같이 할지니 자기 아내를 사랑하는 자는 자기를 사랑하는 것이라" - 엡 5:28

오늘날 우리의 가정은 자녀를 진정한 교육의 장으로 안내하지 못하고 있다. 오직 육체적으로만 키우려 하고 정신적으로 도덕적으로 키울 생각은 하지 않는다.

돈만 벌어서 밥만 먹여 주고 학비만 대 주면 임무를 다했다고 인식하고 있는 부모들이 많다. 이것은 가족이 갖는 가장 중요하고도 가장 성스러운 기능을 포기하는 것과 같다. 자녀에게 육신보다 더 중요한 것은 영혼이며, 물질보다 더 중요한 것은 정신이다. 몸뚱이의 성장 이상으로 마음을 닦는 일이 더 긴요하다. 오늘날 부모들은 우리의 전통사회가 가지고 있던 그 좋은 가훈, 좋은 가풍을 모두 팽개치고 동물 키우듯 자녀를 키우고 있다. 유아 시절부터 하루에도 세 군데, 네 군데씩 학원에 보내어 아이들을 파김치로 만드는 것은 인간을 키우는 것이 아니라 동물을 기르는 것이나 다름없다. 요즘 부모들은 "그렇게 학원에 보내지 않으면 우리 아이만 뒤처져요."라고 이구동성으로 말하고 있다. 그러나 유치원 시절부터 아이에게 경쟁의식을 심어 주는 것이 과연 올바른 교육인가? 다른 부모들이 하는 대로 똑같이 아이들을 여러 군데 학원으로 보내는 것이 과연 우리 아이의 성장에 지장을 초래하지는 않겠는가? 아이들에게 하나님을 향한 신앙을 가장 먼저 심어 주지 못하고 오히려 이 세상의 지식을 먼저 떠먹여 주는 것은 아닌가? 어릴 때부터 좋은 책을 통해 생각하는 힘과 풍부한 감정과 도덕성을 길러 주지 못하고 오히려 기능과 기술만을 기계적으로 주입하는 것은 아닌가? 이런 문제들을 진지하게 생각해 볼 때가 되었다.

자녀교육의 희망을 책 속에서 찾아라

사람의 정신과 사람의 마음이 가정에서 자라고 있는 것이 아니라 동물적인 본능이 가정에서 번창하고 있다. 그래서 오늘날 우리의 사회를 보면 사람이 거리를 걸어다니는 것이 아니라 마치 동물들이 질주하고 있는 것을 연상시킨다. 이러한 현상은 부모들이 가정에서 자녀를 신앙적으로 키우지 못한 결과이다. 자녀에게 정서적 자양분과 도덕적 영향력을 주지 못한 결과이다. 평소에 조상이 남겨 준 가정의 질서와 자녀 교육의 엄격함을 송두리째 내다 버린 대가이다. 이제 우리 사회는 더 이상 가정에서 신앙교육이 실종되는 것을 방관해서는 안 된다. 도덕적 교육이 방기되는 것을 허용해서는 안 된다. 내 자녀에 대한 교육은 내 가정에서부터 이루어져야 한다는 가정 본래의 기능을 회복해야 한다. 따뜻한 사랑과 엄격한 회초리를 병행하는 가풍 속에서 가르침을 받은 자녀는 절대로 일탈하지 않는다.

우리나라 부모들의 극성스런 교육열은 세계적인 화제가 될 정도이다. 그러나 교육의 질을 들여다보면 열악하기 짝이 없다. 부모들이 생각하는 교육이란 그저 '공부, 공부' 뿐이다. 자녀교육이 '공부 잘하고 성적 잘 올리는' 것으로 그친다면 우리나라의 미래는 암담할 뿐이다. 자녀를 남과 조화롭게 살아갈 수 있는 인간으로 성장시키는 것이야말로 이 시대에 꼭 필요한 자녀 교육이다. 그러나 오늘날 부모들은 이런 교육의 필요성을 인식하지 못한 채, 욕심 사납고 버릇없는 아이들을 양산하고 있다.

자녀교육이 위기에 직면한 시대에 다행스럽게도 "어떻게 우리 아이를 키워야 하는가?"의 문제를 놓고 심각한 고민과 해결책을 제시하는 책들이 연이어 출간되고 있다. 아직 희망은 남아 있다고 볼 수 있다. 대형서점에서도 자녀교육에 관한 책이 적잖이 팔린다고 한다. 아무쪼록 자녀교육에 관한 책을 읽는 부모들이 우리의 자녀를 돈으로만 키울 것이 아니라 사랑과 이해로 키워야 함을 깨닫게 되길 바란다. 가정의 신앙공동체를 아름답게 가꾸어 나갈 수 있는 길을 책 속에서 찾게 되길 기대한다.

사람다운 사람이 되게 하라

가치 있는 삶을 가르쳐 주어라

인류 역사가 시작된 후로 사람은 누구나 가정을 중심으로 양육되며 교육 받아 왔다. 그래서 한 인간의 태도와 행동을 보고 가정교육이 잘 되었다든가, 잘못되었다든가 하는 평가를 하기도 한다.

대부분 우리나라의 가정에서는 다른 나라에 비하여 가정생활에 필요한 기본적 예절과 예법, 사회 생활에서 필요한 협동·관용·도덕성 등을 상대적으로 덜 강조하고 있다. 학교나 지역 사회에서도 아이들을 인격체로 키우기 위한 다양한 교육이 이루어져야 하는데 그렇지 못한 것이 우리의 현실이다. 가정에서 신앙과 정서와 도덕성을 불어넣어 주지 못하기 때문에 사회 규범이 깨지고 타락·부정 부패·비행 등이 그치지 않는다. 호젓한 길에서 사람을 만나도, 어둑한 길을 걸어가도, 대낮에 공중전화를 걸려고 해도 어떤 끔찍한 사건이 일어날지 예측할 수 없어 두려움에 떨고 있는 것이 우리의 일상생활이다.

+GOD
종은 울릴 때까지 종이 아니다. 노래는 부를 때까지 노래가 아니다. 사랑은 표현할 때까지 사랑이 아니다.
— 허만 슈타인

유대인의 가정은 일주일에 하루는 번잡스러운 일상을 떠나 정신적인 휴식의 날로 정하고 안식일을 갖는다. 이날은 가족 모두가 함께 대화를 갖는 날이고 자녀에게 참된 가르침을 주는 날이다. 가정교육이 잘 이루어지지 못한다면 학교 교육과 사회 교육 그리고 종교 교육을 제대로 할 수 없다. 왜냐 하면 가정교육의 부재는 동물 인간, 로봇 인간, 기술 인간을 만들 뿐이지 결코 인간다운 인간을 만들 수 없기 때문이다.

그러므로 가정에서의 교육은 지식의 주입보다는 정직·근면·절약·예의·질서 그리고 사랑을 생활화하도록 가르쳐야 한다. 어떤 삶이 가치 있고 보람 있는 것인지를 가르쳐 주고 인간다운 인간이 되기 위해서는 어떤 행동을 해야 하는지를 배우게 해야 한다.

"세 살 적 버릇이 여든까지 간다.", "될 성 부른 나무는 떡잎부터 안다."라는 속담이 있다. 세 살이라는 나이는 영·유아기의 어린 시절을 상징한다. 이 시기에 마음속 깊이 뿌리내린 도덕성이 일평생을 좌우하게 된다. 심리학자들도 사람의 인격은 영·유아기에 형성된다고 하였으며 프로이트(Sigmund Freud)는 사람의 도덕성은 4~5세가 되었을 때 이미 그의 본성 깊이 자리 잡아 그 뒤로는 거의 변하지 않는다고 하였다. 이것은 곧 어린 시절의 가정교육이 중요하다는 것을 말해 준다.

자녀를 인격자로 키우라

우리 나라에서는 예로부터 '엄부자모(嚴父慈母)'라 하여 아버지는 훈계함에 있어 엄격하였고, 어머니는 사랑으로 감싸면서 자녀들을 교육하였다. 그것은 곧 아이가 착한 행동을 했을 때 관심을 갖고 칭찬하고 인정해 주는 것이며 나쁜 행동을 했을 때는 책망하고 훈계하는 것을 게을리 하지 않는 것을 뜻한다.

아이들은 부모의 말이나 설명으로 배우는 것보다는 부모의 삶 자체에서 무의식적으로 배우면서 닮게 된다. 이것은 부모의 삶 전부를 자기의 것으로 내면화한다는 것이다. 그러므로 부모들이 아이들에게 버릇이 없다고 함은 부모가 그 자녀들을 제대로 가르치지 못하였을 뿐 아니라 삶의 모범을 보여 주지 않았다는 것을 뜻한다. 이런 의미에서 볼 때 생활의 기본적인 교양과 습관을 익히게 하는 것은 가정에서 부모가 해야 할 몫이다.

예를 들면 밥상에 함께 앉은 아이들이 감사한 마음으로 음식을 먹는 것을 스스로 익히도록 한다든지, 쓰고 난 물건을 반드시 제자리에 갖다 놓는다든지 하는 것을 가르쳐야 한다. 그리고 수저를 어른이 먼저 들고 난 다음에 아이들이 들어야 한다는 아주 사소한 일까지도 가르쳐야 한다. 한 가정에서 부모와 자녀가 함께 살아가면서 가르치지 않으면 장차 자녀들의 삶은 부실해지며 엉성해져서 인간다운 삶을 살지 못할 것이다. 인간답게 사는 방법을 아이들에게 몸으로 익히게 하는 일이 학교 성적에 밀려날 수는 없다. 성적보다 중요한 것이 인격이요, 인격자로 키우는 것이 성공의 열매이기 때문이다.

예전에는 각 가정마다 아이들이 자기 집 마당을 쓰는 것이 일반적인 모습이었는데, 요즘은 마마보이와 파파걸을 키운다는 말이 있을 정도로 자녀를 과잉보호하는 까닭에 좀처럼 마당 쓰는 아이들을 볼 수가 없다. 학교에서 돌아오면 휴지 한 조각을 줍는 아이들이 드물다. 부모가 자녀를 일방적으로 감싸고 도는 까닭에 세상에서 자신이 제일인 줄 착각하고 있는 자녀들이 많다. 침을 뱉거나 휴지를 함부로 버리는 아이들에게 동네 어른이 훈계를 한 마디라도 하게 되면 혀를 내밀거나 심지어는 욕설까지 퍼붓는 것이 요즘 아이들의 행태이다. 이 모두가 성적 위주·입시 위주의 교육 풍토가 낳은 결과이다. 남의 집 아이들이야 어떻게 되든 상관하지 않고 자기 아이들에게 좋은 일이면 무슨 행동이라도 서슴지 않는 가정에서 자란 결과라고 생각된다.

진정한 가정교육을 회복하라

이제는 부모들이 공부하라는 말 대신 "사람이 되라."는 말을 더 해 주고 특히 어머니들은 공부보다는 예의와 공손함을 가르쳐야 한다. 집안에서 예의가 바르지 못한 아이들이 어떻게 밖에 나가서 예의 바르고 공손하게 행동하겠는가?

자유를 찾되 방종하지 않고 실리를 추구하되 봉사를 아끼지 않는 용기를 키워 주자. 잘한 점을 칭찬하고 권장하며 나쁜 행동에 대해서는 시정의 노력을 게을리 하지 말아야 한다. 매를 통하여 불의를 엄하게 다스리는 모습도 보여 주어야 한다. 자녀에 대한 가정교육은 엄해야 하고, 공정해야 하며, 일관성이 있어야 한다. 이러한 가정교육의 기틀 위에서 자녀들로 하여금 착한 일, 협동하는 일, 봉사, 기여하는 일을 익히도록 이끌어 주어야 한다.

가정교육을 회복하기 위해서 부모들은 자녀들을 어떻게 이끌어가야 하는가? 구체적인 방법들을 찾아보자.

① 가훈을 만들어 지키자.
② 아침에 일어나 자녀와 함께 산길을 산책하고 함께 운동을 하자.
③ 찬송가를 비롯하여 건전한 노래를 매일 한 곡씩 자녀와 함께 부르자.

④ 하루 동안 기뻤던 일을 축복하고 슬펐던 일을 위로하자.

⑤ 생일 및 입학과 졸업을 축하하는 모임을 갖자.

⑥ 온 가족이 둘러 앉아 돌아가면서 성경과 양서를 읽어 보자.

⑦ 건강 · 저축 · 친구 · 신앙 · 편지 쓰기 등에 관하여 자녀에게 유익한 덕담을 주자.가족회의를 통해 공동체 의식을 기르자.

이와 같이 모든 인간은 가정 안에서 가족과의 관계를 통해 영향을 받고 성장하게 된다. 자녀가 성숙한 인격체로 성장하기 위해서는 부모로부터 다양한 양식을 공급받아야 한다. 물질적 자양분은 부수적인 것이다. 자녀에게 필요한 양식은 신앙이 담겨 있는 영적 자산, 따뜻한 감정과 풍부한 정서, 옳은 것을 지향하는 도덕적 가치, 건전한 사고방식 등이다. 부모가 이러한 양식들을 자녀의 내면 세계 속에 균형 있게 공급해 줄 때에 가정은 진정한 인간을 길러내는 교육의 산실이 될 것이다.

새로운 가족 문화를 만들어라

급격한 산업화, 도시화, 핵가족화는 가족 안에서 여성과 남성의 역할 분담이나 자녀 양육의 책임에 있어서 커다란 혼란을 불러일으키고 있다. 가족이란 사람들이 함께 모여 살아가는 사회의 가장 기초적인 집단이다. 특히 남녀가 모여 한 가족을 이루게 되므로 그 집단의 인간 관계는 우선 성(性)에 따른 역할 분담을 바탕으로 형성된다.

그러나 전통적으로 볼 때, 우리나라의 가족은 남성의 가부장적 권위 아래 남편과 아내의 역할이 지나치게 분리되거나 고정되어 왔다. 남편은 언제나 바깥일을, 아내는 가사를 도맡아야 했다. 아내는 남편의 뜻을 받들고 추종해야만 하는 수직적 상하 관계가 가족 관계의 전형이었다. 가족 안에서의 불평등한 부부 관계, 획일적인 부부의 역할은 우리 사회가 진정한 가족 관계로 나아가는 데 걸림돌이 되고 있다. 부부 관계는 평등 관계가 아니라 조화 관계이고, 부모와 자녀의 관계는 소유 관계가 아니라 인격적 관계임을 잊지 말아야 할 것이다.

아버지가 스스로 바로 서라

우리의 자녀들은 아버지 없는 세대로 살아가고 있다. 자녀교육에 대한 부모의 역할이 지나치게 어머니에게만 편중되고 있기 때문에 자녀들의 가슴에 아버지의 권위주의적인 모습만을 새겨 놓았다. 오늘날의 자녀들에게 아버지란 그저 일하고, 돈 벌어오고, 가끔 머리나 쓰다듬어 주는 존재로서 기억될 뿐이다.

요즘 우리의 자녀들은 아버지가 지닌 남성으로서의 역할이 어머니가 지닌 여성으로서의 역할과 전혀 동떨어져 있는 것으로 알고 있다. 가족과 가정에 대한 자녀들의 사고방식이 폐쇄적이고 편협한 상태에 머물러 있다. 맞벌이 부모를 둔 경우일지라도 자녀들에 대한 교육의 책임은 전적으로 엄마에게 있다는 사회적 인식이 지배적이다.

사회의 고정관념이 가족의 획일성과 폐쇄성을 부추기는 상황 속에서 우리의 자녀들이 가족의 성(性) 역할에 대해 열린 생각을 가진다는 것은 무리한 일이다. 자녀들은 사회 구조의 변화에 따라 고통 받는 아버지를 보고 자란다. 파편만 남은 아버지의 권위가 미워지기도 하고, 허약한 아버지의 모습에 화가 나기도 한다. 그렇기 때문에 자녀들이 바람직한 아버지의 모델을 설정할 수도 없다. 가족의 성 역할에 대한 고정 관념이 이미 자녀들의 의식을 구속하였고, 더욱이 가족에 대한 사회적 인식조차도 그다지 변화를 보이지 않기 때문이다. 가장 우려되는 일은 가족 관계에 대한 자녀들의 비뚤어진 시각이 가정 이외의 다른 집단 내에서도 남녀 관계에 대한 왜곡된 시각을 낳을 수 있다는 것이다.

자격을 갖춘 부모가 되어라

우리의 자녀들은 자격 없는 부모에 의해 양육되고 있다. 우리는 전혀 부모로서의 마음가짐과 교양을 갖추지 않은 상태에서 부모가 되고 있다. 대가족 안에서는 부모가 되기 전부터 자연스레 집안의 어른들로부터 부모가 되기 위해 갖추어야 할 능력, 태도, 가치관 등을 배울 수 있었다. 그런데 근대화 과정 이후에 핵가족 구조에서 자란 자녀들은 가정 내에서 경험할 수 있는 인간 관계가 부모와 자녀의 관계에만 한정된다. 핵가족 안에서 자녀들은 부모와의 대화가 단절된 삶을 살아왔기 때문에 스스로 부모가 되었을 때 자녀와 대화를 갖는 것이 어색하고 낯설게 느껴진다.

1990년대 이후의 세대야말로 여성들의 바깥일이 일반화되기 시작한 첫 세대이다. 그러므로 이제까지의 육아 현실과는 전혀 다른 육아 현실에서 아이를 키울 필요성이 생겼다. 사회적 상황의 변화에 따라 자녀교육에 대한 남다른 각오와 새로운 방법이 요구되었다.

그러나 대부분의 맞벌이 부모들은 자녀교육에 대한 진지한 검토와 고려 없이 주변의 부모들이 선호하는 학원 위주의 교육을 유행처럼 추종하고 있다. 어떤 내용을 어떻게 배우고 있는지 관심도 없이, 마치 탁아소에 맡기듯 자녀교육의 책임과 역할을 전적으로 학원에 떠맡기고 있다. 무엇이든지 아이들에게 좋다면 소신과 줏대 없이 주변 사람의 교육 방법에 절대적으로 동의한다. 그렇게 하지 않으면 자녀가 경쟁 사회에서 도태될 수도 있다는 불안감이 부모를 위협하기 때문이다.

고용의 불안정과 실직의 위험에 따른 부모들의 강박 관념은 충분히 이해할 만하다. 하지만 자신들의 강박 관념과 경쟁의식을 자녀들에게까지 적용한다는 것은 너무도 무책임하고 현명하지 못한 처사이다. 교육이 가장 경계해야 할 요소는 일방성과 획일성이기 때문이다.

자녀와 가족에 대한 인식을 새롭게 하라

우리의 자녀들은 죽음과 죽임의 마당에서 교육되고 있다. 송용구 시인은 자신의 시 「가사(假死)」에서 이렇게 노래했다.

인간이 무엇인지를

단 한 번도 가르쳐 준 적 없는

인간의 학교로 가서

무덤에 묻히듯

책 속으로 들어가

따뜻한 피 한 방울 흐르지 않는

수많은 문자들 옆에

나란히 눕는다

『풀피리 소리보다 향기로운』에서(시문학사, 1997)

시인은 우리의 교육이 사랑과 의(義)를 가르치는 교육이 아니라 죽은 문자만을 주입하는 교육임을 증거하고 있는 것이다. 시인의 말처럼 우리 나라의 교육 현장은 교육의 본래 취지대로 사람을 사람답게 하여 모두를 살리는 터가 아니라 사람을 못쓰게 만들어 모두를 죽이는 터가 되어 버렸다. 어린 자녀들을 입시 위주의 극한 경쟁으로 내몰아 공격성과 인격 파탄을 키우는 교육, 일상생활과는 상관없는 죽은 글자만 가득 채워 넣어 '지식 기사'만을 양성하는 교육, 차별과 억압과 분열과 파괴만을 조장하는 교육, 이것이 우리 교육의 현실이다.

저열한 교육 현실을 개선하기 위해서는 새로운 가족 문화를 바탕으로 한 교육이 이루어져야 한다. 우선 가족의 구성원에 대한 인식이 달라져야 한다. 부부의 역할에서 조화를 정착시켜 가족의 인간 관계를 회복하는 것이 시급하다. 부부의 역할을 직장일과 가사(家事)로 나누듯이 이분법적으로 구분하지 말고, 자녀에 대한 가정교육을 형편에 따라 분담하거나 협력하는 파트너십이 필요하다. 부부끼리 가사 노동과 육아를 분담하면서도 일의 양을 자로 잰 듯 반반으로 나누는 원칙주의보다는 각각 능숙한 부분을 서로 특화해서 나누어 맡는 유연한 분업과 협업이 조화롭게 이루어져야 한다.

가정의 살림살이는 그 어떤 바깥일 못지않게 중요하다는 인식을 가져야 한다. 전업 주부도 그 많은 집안일을 혼자서 감당하기는 힘들다. 남편과 아내가 역할의 조화를 가정의 원칙으로 삼아 가사와 자녀교육을 적성에 따라 조화롭게 분담하고 함께 노력해야 한다.

성경의 원리대로 가정을 가꾸어라

● PLUS GOD TO YOUR CHILDREN

행복이 샘솟는 가정이 되려면

가정은 육체와 마음의 안식처이며 사랑과 행복이 샘솟는 곳이다. 가정을 통해서 새로운 삶을 향한 의욕이 용솟음치며, 실의에 빠지는 경우에도 다시금 용기와 신념의 불꽃을 피워 올릴 수 있다. 그러므로 A. 카울리(A. Cauley)는 "정다운 내 집이 없으면 온 세상일지라도 커다란 감방에 지나지 않는다."고 하였고, J. H. 페인(Payne)은 "쾌락과 궁전 속을 거닐지라도, 언제나 초라하지만 내 집만한 곳은 없다."라고 하여 가정의 포근함을 강조한 바 있다.

가정이 좋은 것을 모르는 사람은 머리맡에 보석을 두고도 멀리서 찾으려는 자와 똑같이 어리석은 사람이다. 많은 사람들이 즐거움을 밖에서 찾으려 하나 결국은 가정에서 찾게 되는 것을 본다. G. 무어(Moore)는 "사람은 그가 필요로 하는 것을 찾기 위하여 온 세상을 여행하고 집에 돌아와 그것을 찾게 된다."고 하였으며, 성경에서도 "네 샘으로 복되

+GOD
정다운 내 집이 없으면 온 세상일지라도 커다란 감방에 지나지 않는다. – A. 카울리

게 하라 네가 젊어서 취한 아내를 즐거워하라."^(잠 5:18)고 하여 가정이 모든 보람의 원천임을 증거한 바 있다. 밖을 내다보기 전에 먼저 가정 속에 쏟아지는 밝은 햇살을 응시하라. 그리고 가정에서 기쁨과 보람을 찾아라. 그러면 행복은 그대의 소유가 될 것이다.

독일의 대문호 괴테^(Johann Wolfgang von Goethe)는 그의 시 「충고」에서 "너는 왜 자꾸만 멀리 가려 하느냐? 네가 잡을 줄만 안다면 행복은 바로 너의 곁에 있다."고 하였다. 일생 동안 아껴주고 사랑할 내 남편과 내 아내가 있는 곳, 사랑스런 아들과 딸이 있는 곳만큼 행복이 넘치는 곳이 또 어디 있겠는가? 눈을 열고 지금까지 가꾸어 온 사랑의 나무를 유심히 바라보자. 그 나무에 탐스럽게 맺혀 있는 평강의 과일들을 온 가족과 함께 나누도록 하자. 가정의 동산에서 어느 것 하나 보배롭지 않은 열매가 있겠는가? 아내의 따뜻한 숨결, 자녀들의 즐거운 웃음이 살아 있는 곳, 이 세상의 모든 금은보화를 준다 해도 결코 바꿀 수 없는 곳이 우리의 가정이다.

가정이라는 동산은 헌신과 관용을 자양분으로 하여 행복의 열매들을 생산한다. 이 동산에는 언제까지나 아껴 주는 무조건적 헌신이 있어야 하고, 기꺼이 잘못을 용서하는 너그러운 손길이 있어야 한다. 사랑을 받으려 하지 말고 사랑을 주는 것으로 보람을 느낄 수 있어야 한다. 가족의 구성원에게 잘못이 있다 하여 그에 상응하는 벌을 주려 하지 말고 스스로 깨달아 고치도록 선도해야 할 것이다. I. 워츠는 "어떠한 싸움이 거리를 어지럽히든지 가정에는 평화가 있어야 한다."고 말했다. 화목한 가정을 갖는 자가 인생의 승리자가 될 것이며, 가정을 화목하게 가꾸는 것이 아름다운 사회로 가는 길이 될 것이다.

생기가 넘치는 건강한 가정을 만들어라

우리의 정신 건강에 생명력을 불어넣는 원천은 가정이다. 한 정신의학과 교수는 "현대의 정신 치료는 약물이나 개인 상담으로는 되지 않고 가정 치료를 해야 된다."고 말하였으며, 프로이트는 정신 건강에 가장 중요한 것은 "어머니와 아기와의 관계"라고 했다. 그런데 오늘날 문명이 발달할수록 오히려 가정 안에서 가족의 정신은 파괴되어 가고 있다. 이를 치유하기 위해서는 가정이 갖추어야 할 근본적인 요소들을 마련해야 한다. 가정을 가정답게 만드는 요소들을 살펴보기로 하자.

하나님께서는 인간을 남자와 여자로 창조하여 한 가정을 이루게 하셨다. 가정은 가장 기본적인 사회 단위이며, 가장 오래된 결합체이며, 가장 보편적인 공동체이다. 그러므로 가정 없는 사회는 존재할 수 없다. 국가가 아무리 강력해도 가정을 대신할 수 없다. 조지 오웰^(George Orwell)이 쓴 『1984』란 책에 보면 국가가 가정을 대신하고 있다. 그러나 이처럼 가정을 대신하는 국가는 멸망의 전조를 낳을 뿐이다.

바리새인들이 예수님께 나아와 그분을 시험하기 위해 "사람이 아무 연고 없이 그 아내를 내어버리는 것이 옳습니까?"하고 물었다. 예수께서 대답하시기를 "사람을 지으신 이가 본래 저희를 남자와 여자로 만드시고 말씀하시기를 이러므로 사람이 그 부모를 떠나서 아내에게 합하여 그 둘이 한 몸이 될지니라 하신 것을 읽지 못하였느냐"^(마 19:4~5)고 하시면서 "짝지어 주신 것을 사람이 나누지 못함"을 가르쳐 주셨다.

이에 바리새인들이 "어찌하여 모세는 이혼증서를 주어서 내어버리라 명하였습니까?"라고 반문하자 예수님께서는 "모세가 너희 마음의 완악함을 인하여 아내 내어 버림을 허락하였거니와 본래는 그렇지 않다"고 하시면서 "내가 너희에게 말하노니 누구든지 음행한 연고 외에 아내를 내어 버리지 말라"^(마 19:8~9)고 하셨다.

예수님께서는 바리새인들의 결혼과 이혼에 대한 잘못된 관념을 지적하신 것이다. 결혼은 남자와 여자 사이에 이루어진 영구적 결합이다. 결혼은 죄가 이 세상에 들어오기 전에 하나님께서 처음으로 만드신 합법적 제도이다. 여기서 결혼의 중요성과 결혼 상대의 영구성을 찾을 수 있다. 말라기 2장 14절의 말씀은 "그는 네 짝이요 너와 맹약한 아내로되"라고 하였다. 남자와 여자가 연합하여 한 몸을 이루는 것은 그들이 살아 있는 동안 항구적으로 결합된 것임을 뜻한다.

말라기 2장과 창세기 2장의 말씀은 하나님께서 일부일처의 결혼 제도를 설립하고 이것을 영구적인 것으로 확정해 놓으셨음을 말해 주고 있다. 그러므로 구약 시대에 여러 아내를 두고 이혼을 쉽게 한 것은 하나님의 뜻에 따른 것이 아니라 인간의 정욕과 죄로 인한 것이다. 예수님께서도 산상수훈의 말씀을 통해 인간의 정욕에 대해 훈계하신 다음 결혼과 이혼 문제를 언급하셨다(마 5:27-30).

예수님의 시대에도 역시 구약의 율법을 아전인수격으로 해석하여 남자들이 그들의 정욕을 채우기 위해 이혼을 하는 일이 많았다. 바리새인들과 서기관들은 성경이 이혼을 명령하는 것처럼 생각하였지만, 사실상 성경은 이혼보다 사랑과 용서를 명령하고 있다. 성경은 결혼 관계에 있어서 이혼의 사유를 찾기보다는 사랑과 용서로 결혼생활을 지속하는 것이 하나님의 뜻임을 말해 주고 있다. 이혼을 할 수 있는 근거는 오로지 한 가지 사실 즉 음행뿐이다. 이러한 불가피한 일을 제외하고는 '하나님이 짝지어 주신 것을 사람이 나누지 못하는' 것이 성경에 나타난 결혼의 가르침이다.

21세기 인류의 문제는 '가정의 붕괴'라고 전문가들은 말하고 있다. 건강한 가정을 만들기 위해서는 가정의 최소 단위인 부부 관계가 건강해야 한다. 부부 관계가 깨지면 부모와 자녀의 관계는 물론 가정의 위기가 오기 때문이다. 또한 올바른 부부 관계가 선행되어야 부모와 자녀의 관계도 바로 설 수 있다는 것이 성경에서 말하는 가정의 원리이다.

아름다운 부부의 조화를 이루어라

현대의 많은 가정들은 가족의 화목을 위해 노력을 기울이지 않는다. 두란노 상담실의 설문 조사에 의하면, 우리나라의 가정이 하루에 대화를 갖는 시간은 하루 24시간 중 10퍼센트도 되지 않는다고 한다. 가족을 위해서 하루의 10퍼센트도 헌신하지 않는다는 것이다. 또 "집에 가정과 관련된 책을 얼마나 갖고 있는가?"란 설문에 응답자의 98퍼센트가 "한 권도 갖고 있지 않다"고 대답했다. 가족간의 대화가 부족한 것은 가정에 대한 관심 부족에서 나타나는 현상인 것이다.

신앙인의 가정에서 일어나는 갈등은 대부분 성경대로 살지 않고 실천하지 않기 때문에 발생한다. 신앙을 미래에 주어지는 막연한 구원으로만 생각하고 생활은 유교적으로 하고 있기 때문이다. 성경에서 배운 것과 일상생활의 행동이 분리되는 까닭에 신앙인 가정에서도 갈등이 그치지 않는다. 이러한 모순을 극복하고 치유하기 위해서는 성경의 가르침을 생활에 적용하는 연습을 날마다 의식적으로 연습해야 한다. 신앙은 기도로부터 시작되지만 신앙의 열매는 말씀의 실천으로부터 이루어진다.

갈등은 인간의 이기주의적인 본성에서 나온다. 부부란 너무 가까운 곳에 있기 때문에 이 본성이 잘 숨겨지지 않는다. 그러므로 이기주의적 본성과 자기중심적 욕망을 다스리는 교육이 필요하다. 이 교육은 기독교가 담당해야 한다. 사회 교육은 개인의 재능과 능력, 자존감을 강화시키지만 이기주의적인 인간의 본성을 고치지는 못한다.

또한 부부들은 역할의 혼란 때문에 갈등하는 경우가 많다. 남녀가 자신의 역할에 충실하지 않고 배우자의 역할만을 요구할 때 갈등이 증폭되고 가정의 위기가 온다. 청소년 시기를 맞은 자녀가 부모로부터 남녀에 대한 정체감을 인식하지 못했을 때, 성인이 된 후 결혼생활에서도 역할에 대한 혼란을 겪게 된다. 어린 시절 부모로부터 물려받은 인격은 평생 동안 지속된다. 자신의 역할에 충실하면서도 배우자의 역할을 도와주는 조화로운 부모의 모습을 보고 자란 자녀들은 훗날 건전한 결혼생활을 누릴 수 있다.

부모가 바람직한 남녀의 성 역할(性役割)을 가르치지 못하면 자녀는 결혼 생활 속에서 갈등을 겪게 된다. 결혼에 대한 막연한 관념이 하나님이 주신 결혼의 법칙으로 변화되어야 한다. 하나님이 설계하신 결혼에 대해 무지를 깨뜨리고 성령의 도우심을 받아 하나님이 원하시는 사랑으로 가정을 채워야 한다. 부부의 고유한 조화로움을 회복함으로써 건강한 가정을 만들어야 한다.

2장 자녀들에게 부모는 인생의 거울이다

- ✽ 가르치기 전에 먼저 배워라
- ✽ 하늘의 재목을 키워 내라
- ✽ 성공적인 부모가 되라
- ✽ 아버지의 자격을 갖추어라
- ✽ 건강한 자양분을 먹여라
- ✽ 영향력 있는 어머니가 되라
- ✽ 기도로 뒷받침 하라
- ✽ 세대를 따르지 않는 부모가 되라
- ✽ 자녀에게 마음의 문을 열어라
- ✽ 대화로 사랑의 끈을 연결하라

가르치기 전에 먼저 배워라

교육에 참여하는 부모가 되라

서구 사회는 생활의 과학화와 기술화로 인하여 가정 부재·교육 부재·인간 부재 현상에 시달리고 있다. 이러한 현상은 오늘날 우리나라에서도 나타난다. 흔히 우리 사회에서 부모들은 자녀의 성장과 발전을 자신들의 발전보다 우선적으로 생각하는 경향이 있다. 그러나 부모 자신의 정신적 성장과 변화 없이 어떻게 자녀들의 성장을 기대할 수 있겠는가?

그러므로 자녀교육의 열매를 추수하기 위한 전제 조건으로서 부모 교육이 시급하다. 자녀들을 잘 가르치기 위해서는 부모들이 먼저 양질의 교육을 받아야 한다. 왜냐 하면 자녀들의 전인적 성장은 부모들의 마음가짐과 정신에 달려 있기 때문이다.

부모 교육에 관계되는 여러 문헌을 살펴보면 '부모 교육·부모 훈련·부모 참여·부모 개입' 이라는 용어가 구별 없이 혼합되어 사용되고 있다.

엘리어슨(Eliason)과 젠킨스(Jenkins)는 근대에 와서 부모 교육에 대한 전략

이 강화되고 있다고 강조하였다. 랜지(Range), 레이튼(Layton), 로우비넥(Roubinek)은 학교에서 학생의 초기 성공 여부는 교사나 학교와 관련된 것보다는 가정과 밀접한 관계를 가지고 있다고 하였다.

리퍼(Leeper), 스키퍼(Skipper), 위더스푼(Witherspoon) 등의 교육학자들은 부모 교육을 '부모 교육과 부모 참여'로 구분하였다. '부모 교육'은 부모가 '배우는 학습자'라는 것을 의미하고, '부모 참여'는 '자녀를 가르치는 교사로서의 역할'을 뜻한다. 이들의 견해에 비추어 본다면, '부모 교육과 부모 참여'가 조화를 이루는 종합적 부모 교육이란 결국 무엇을 누구에게 배워 자녀를 어떻게 가르칠 것인가를 결정하는 과정이다.

PLUS+GOD 자녀의 삶에 하나님을 더하라

'부모 교육'은 부모가 '배우는 학습자'라는 것을 의미하고, '부모 참여'는 '자녀를 가르치는 교사로서의 역할'을 뜻한다. 이들의 견해에 비추어 본다면, '부모 교육과 부모 참여'가 조화를 이루는 종합적 부모 교육이란 결국 무엇을 누구에게 배워 자녀를 어떻게 가르칠 것인가를 결정하는 과정이다.

신앙의 유업을 전승하는 부모가 되라

일반적으로 부모 교육의 목적은 자녀교육과 가정생활에 관한 지식을 제공하고 일반적 교양을 충족시키는 것으로 규정되어 있다. 『교육학 대사전』은 다음과 같이 부모 교육의 목적을 구체적으로 열거하고 있다.

첫째, 부모로 하여금 자녀교육에 대하여 세밀한 주의를 기울이게 한다.

둘째, 학교 교육의 내용이나 방법에 대해 올바른 이해를 갖고 학교에 대해 협력적인 태도를 갖도록 한다.

셋째, 자녀들의 세계를 이해시키고 그에 대해 지도하도록 한다.

넷째, 자기 자녀에게만 아니라 다른 많은 자녀들에도 관심을 갖고 이기적인 감정을 버리도록 한다.

이와 같이 부모 교육의 목적은 부모들에게 효과적인 교사로서의 부모 역할을 증진시키는 데 있다. 또한 자녀의 성장 과정에 대한 올바른 이해를 증진시키며, 이에 필요한 지식과 능력을 갖도록 도와줌으로써 부모 자신의 발전은 물론 효과적인 교육자로서의 부모가 되도록 하는 데 있다.

특히 우리 크리스천 가정의 부모들은 하나님을 믿는 신앙을 통해 자기 자녀들에게 성경의 가르침을 전해 주는 신앙교육을 해야 한다. 신앙은 각 사람이 하나님의 부르심에 개인적인 응답을 이루는 것이지만, 개인적 차원에만 머무는 것이 아니라 공동체의 차원에서 대대로 유전되는 힘을 갖고 있다. 따라서 부모의 영적인 태도는 다음 세대의 영적인 태도를 결정한다.

크리스천 가정에서 부모 교육의 목적은 신앙을 자녀에게 전승^(傳承)시키는 데 있다. 자녀들이 성령 안에서 그리스도의 피와 몸을 나누고, 기쁨과 책임을 나누며, 협동과 섬김으로 인격을 성숙시켜 우리의 자녀들이 "약속대로 유업을 이을 자"^(갈 3:29)가 되도록 하는 데 그 목적이 있다.

부모가 교육을 받음으로써 자녀들의 선한 양심과 신앙을 자라게 할 수 있고, 또한 부모 자신이 마음의 눈을 열어 자녀들의 삶을 더욱 깊게 이해할 수 있게 된다. 크리스천 가정의 부모들은 자녀들을 성숙한 신앙인으로 성장시키도록 교육의 소명을 위탁받았다는 사실을 명심해야 한다.

하늘의 재목을 키워 내라

● PLUS GOD TO YOUR CHILDREN

자녀를 낳는 것이 어려울까? 기르는 것이 어려울까? 우리에겐 어떤 아이를 낳느냐 하는 것보다 어떤 부모가 되느냐 하는 것이 더욱 중요한 문제이다. 한마디로 자녀의 귀감이 되는 좋은 부모가 되어야 한다.

사무엘상 1장과 2장에는 엘가나와 엘리 제사장의 자녀들에 관한 이야기가 기록되어 있다. 엘가나와 한나의 아들 사무엘은 이스라엘 사사 시대의 마지막 사사요, 선지자요, 제사장이다. 그는 엘리의 후임으로 사사가 되었다. 당시 엘리의 악정으로 인하여 사사 시대가 부패해졌을 때 사무엘은 하나님의 말씀에 근본을 둔 신정정치를 하였다. 특히 '미스바' 대회를 통하여 영적인 회개 운동을 전개함으로써 백성들의 삶을 변화시켰다. 사무엘의 인도에 따라 많은 백성들이 우상숭배의 죄를 회개하고 하나님께로 돌아오는 부흥 운동의 열매가 나타났다.

엘리의 아들은 홉니와 비느하스였는데 성경은 그들에 대하여 다음과 같이 말하고 있다. 첫째, 불량자라고 하였다^(삼상 2:12). 이 말은 나쁜 사람들, 쓸모없는 사람들이라는 뜻이다. 하나님 앞에 백해무익한 사람이라는 말이다.

둘째, 하나님을 알지 못하는 자라고 하였다(삼상 2:12). 그 자녀들이 하나님의 이름을 모른 것은 아니다. 이름이야 알고 있지만 하나님을 인정하지 않았음을 의미한다. 성경은 "하나님을 인정하라 그리하면 네 길을 지도하시리라"(잠 3:6)고 하였지만 엘리의 아들들은 결코 하나님을 인정하지 않았다.

셋째, 제사를 모독하는 일을 하는 자들이었다. 제물을 자기의 것으로 삼았고 자기 만족을 위하여 제사를 드리는 자들이었다. 자기 위치를 이탈하였다는 의미이다. 엘리는 그 아들들 때문에 자기만이 아니라 나라까지 망하게 하는 비극의 주인공이 된 것이다. 엘리는 제사장으로는 그런대로 사명을 다하였으나 자녀교육에 대해서는 실패한 자이다. 좋은 아버지의 귀감을 보이지 못했다.

그렇다면 좋은 부모는 어떤 부모인가?

먼저 좋은 부모가 되기 위해 기도하라
사무엘의 어머니 한나

사무엘상 1장에 '한나' 라는 한 여인이 등장한다. 그녀는 인간적으로 그렇게 불행하지 않은 사람이었다. 엘가나라는 좋은 남편이 있었고 경제적으로 부족함이 없었다. 단, 그녀에게 부족한 것은 자녀가 없다는 것이다.

한나는 아들을 얻기 위하여 성전에서 눈물을 흘리면서 간절히 기도하였다. 엘리가 볼 때에 포도주에 취한 것같이 기도에 취하였다(삼상 1:14~15)고 하였다.

하나님께서 한나의 눈물겨운 기도를 들으시고 아들을 주셨다. 그가 바로 사무엘이다. 한나는 사무엘의 평생을 하나님께 드리게 하였다. 역사적으로 보면 로마가 세계를 지배하던 시대의 대표적인 어머니였다.

성 어거스틴의 어머니 모니카

모니카(Monica)는 경건한 기독교 가정에서 출생하였다. 성품은 온유하고 밝았다. 그의 남편 파트리키우스는 이교도의 가정에서 출생하였고 성격은 불 같았다. 인내를 가지고 끝까지 참음으로써 모니카는 말년에 사랑의 힘으로 남편을 주님께 인도하였다.

이미 두 자녀를 양육하고 있었던 모니카는 결혼한 지 10년이 지날 즈음 막내 어거스틴(Augustin)을 출산하였다. 어거스틴은 유년 시절에는 믿음을 받아들였으나 장성하면서 부도덕한 것들로부터 유혹을 받아 타락한 삶을 살게 되었다.

교부 암브로시우스(Ambrosius)도 어거스틴 같은 사람은 포기하는 것이 좋겠다고 말할 정도였다. 그러나 그의 어머니 모니카는 아들을 위해 계속 기도하였다. 어머니의 끈질긴 기도의 결과로 어거스틴은 회개하고 암브로시우스에게 세례를 받았다. 그 후 성 어거스틴이 되어 바울 이후 기독교 교리를 신학적으로 체계화시킨 중세의 대표적인 성직자가 되었다.

암브로시우스는 어거스틴의 변화를 지켜보면서 "기도의 자식은 결코 망하는 법이 없다."고 하였다. 모니카는 연약한 여인이었지만 그녀의 기도는 강하였다. 아들을 변화시켜 성자로 키워내지 않았는가!

자녀를 위한 기도는 하나님의 나라를 넓혀가는 밑거름이다. 그러므로 자녀를 위해 기도하는 어머니는 지상에서 일하는 하늘의 일꾼이다. 여

러분의 자녀가 축복 받아 훌륭한 사람이 되기를 원한다면 하나님께 기
도하는 부모가 되라.

좋은 부모가 되기 위해 바르게 교육하라

우리나라 사람들의 교육 열기가 높은 것은 두말 할 필요가 없다. '소
팔고 논밭 팔아서라도 자식 교육은 잘 시키고 보자' 는 것이 우리나라
부모들의 공통된 생각이다. 최근에는 좋은 직장도 그만두고 해외 이민
을 가는 사람들이 많아졌다. 왜 이민을 가느냐고 그들에게 물으면 이
구동성으로 "자녀교육 때문"이라고 말한다. 물론 교육은 절대로 필요
하다. 그러나 교육의 양보다는 교육의 질이 더욱 중요하다. 교육의 결
과를 바라기 전에 우선 교육의 방법과 과정이 더욱 중요하다. 그렇다
면 좋은 교육은 무엇을 갖추어야 하는가?

좋은 교육은 질 높은 교육이다

'질 높은 교육' 에 관한 견해도 사람마다 다양하다. 전통적인 교육관
에 따르면 인격 교육 · 인성 교육으로서 지 · 정 · 의를 말하고 혹은 지
육 · 덕육 · 체육을 말하기도 한다.

강영우 박사는 '지력 · 심력 · 체력' 을 길러 주는 것이 '질 높은 교
육' 이라고 말한다. 원동연 박사는 5차원의 학습에서 '심력 · 지력 · 체
력 · 자기 관리 능력 · 인간 관계 능력' 을 배양하는 것이 '질 높은 교
육' 의 조건이라고 말한다.

나는 '한국기독청소년교육원' 의 교육 과정에서 지성과 감성과 도덕
성과 영성의 조화를 지향하는 것이 '질 높은 교육' 임을 끊임없이 강조
해 왔다. 이른바 '지 · 정 · 의 · 성' 의 조화를 도모하는 전인 교육의 이

상을 제시한 것이다.

좋은 교육은 성경적 교육이다

"모든 성경은 하나님의 감동으로 된 것으로 교훈과 책망과 바르게 함과 의로 교육하기에 유익하다"고 하였다(딤후 3:16).

아놀드 토인비(Arnold Toynbee)는 문명이나 민족이 망하는 이유를 세 가지로 들었다.

첫째, 권력층이 독재를 하는 경우이다.
둘째, 국민 다수가 애국심이 없을 때이다.
셋째, 사회 분위기가 결속되지 않고 느슨할 때이다.

그러나 멸망의 세 가지 조건과 전혀 관계없는 민족이 있다. 그 민족은 유대 민족이다. 그들은 1,500만 명이 세계 각지에 흩어져서 살고 있고 그 중 절반은 미국에 살고 있다. 1,500만 명이면 우리나라 인구의 3분의 1에 해당한다. 그들의 영토는 우리나라 경기도와 강원도를 합한 것만큼 작다.

이 유대 민족은 전 세계로 흩어져 살았지만 일찍부터 성경을 통한 신앙교육을 철저하게 받아 왔다. 유대인들에게 신앙교육은 모든 교육의 반석이었다. 그들은 신앙교육 없이는 다른 교육이 무의미하다고 생각하였다. 신앙교육이 튼튼할 때 그 밖의 다른 교육도 큰 성과를 거둘 수 있다는 것이 그들의 생각이었다.

유대인들은 하나님의 말씀이 그들의 삶을 움직이고 있다는 확신을 붙들고서 모든 일에 성실한 땀방울을 흘리며 하나님의 돌보심에 의지하였다. 믿음으로부터 일을 시작하고 최선을 다하되 결과는 하나님께

맡기는 것이 그들의 생활 태도였다. 그 결과 신약을 집대성한 바울, 금융가 로스차일드, 심리학자 프로이트, 화가 샤갈, 상대성이론의 아인슈타인, 외교관 키신저 등 각계각층에서 뛰어난 인재를 배출하였다.

이들이 모두 천재로 태어난 것은 아니다. 특별한 영재 교육·천재 교육을 받아서 성공을 거둔 것이 아니다. 신앙교육을 모든 교육의 기초로 삼고 독서 교육을 모든 학습의 뿌리로 삼았기 때문이다.

좋은 교육은 성경적 생활 교육이다

유대인들은 잠을 자기 전에 예배를 드린다. 부모들은 자녀에게 기도하는 것을 가르친다. 부모에게 수입이 생겼을 때는 가정예배 시간에 자녀들이 보는 가운데 십일조를 떼어 놓는다. 모든 것의 주인은 하나님이시며 우리는 청지기라는 것을 분명히 일깨워 주기 위한 것이다.

또한 부모는 자녀에게 공중 도덕을 가르쳐 준다. 공공 장소에서 조용하게 하고, 무엇을 받았을 때는 반드시 "감사합니다"라고 인사하도록 가르친다.

크리스천 가정에서 부모는 자녀에게 신앙교육의 스승이 되어야 한다. 자녀로 하여금 하나님을 섬기면서 살도록 가르치는 것이 부모의 신성한 의무이다.

내가 몸담고 있는 한국기독청소년교육원의 독서클럽에서 『한 알의 밀이 땅에 떨어져』(이숙녀 지음)는 필독서 중의 한 권이다. 이 책의 내용 중 감명 깊은 대목을 소개해 본다.

"7남매를 둔 가난한 어머니가 있었다. 어머니는 먹을 것이 없어서 술지

+GOD
모든 성경은 하나님의 감동으로 된 것으로 교훈과 책망과 바르게 함과 의로 교육하기에 유익하니 ─ 딤후 3:16

게미에 사카린과 물을 타서 자녀들에게 먹였다. 빈 속에 술지게미를 먹은 아이들이 취기가 돌았다. 이들은 학교에 가서 선생님에게 어린 것들이 아침부터 술 먹고 왔다고 벌을 서게 되었다. 그들은 아무 말도 못 하고 벌을 받고 왔다. 어머니는 가난하지만 하나님 섬기는 법과 진실하게 사는 법을 가르쳐 주었다. '너희들은 이후에 훌륭한 사람들이 될 것이다. 그 때 술지게미를 먹던 그날의 고통을 결코 잊지 말라' 고 가르쳤다. 그 어머니가 바로 이숙녀 전도사이다. 이 이숙녀 전도사가 바로 한국 감리교단의 지도자 김선도·홍도·국도·건도 목사님들을 길러 낸 어머니이시다."

아무리 물질적으로 가난하고 궁핍한 가정일지라도 부모의 신앙교육이 살아 있는 가정이라면 영적인 풍요에 힘입어 자녀들을 훌륭한 재목으로 키워 낼 수 있다. 그러나 아무리 물질적으로 풍요롭고 유복할지라도 신앙교육이 죽어 있는 가정이라면 영적인 기근으로 인하여 자녀들을 멸망의 나락으로 떨어뜨릴 수 있다. 이숙녀 전도사는 자녀에게 신앙교육의 터전을 가꾸어 주는 것이 부모의 역할이라는 것을 몸소 증거하고 있는 산 교육의 귀감이 되고 있다.

성공적인 부모가 되라

자녀를 훌륭한 사람으로 키워 내는 데 성공한 부모들은 어떤 공통점을 갖고 있을까?

책읽기의 위력을 알고 있다

거의 모든 위인들이 유년 시절부터 아버지나 어머니의 지도를 받아 책을 깊이 읽고 느끼고 이해하면서 삶의 초석을 놓았다. 에디슨(Thomas Edison)은 어머니의 독서 교육으로 훗날 발명왕이 되었다. 에디슨은 오로지 어머니 덕분에 발명왕이 될 수 있었다고 자신의 성공의 이유를 밝혔다. 학교에서는 열등아였지만 에디슨은 책을 통하여 변화되었고 인류의 문명을 바꾸어 놓은 세계적인 발명왕이 되었다.

또한 미국 역사상 가장 위대한 대통령으로 추앙 받는 에이브러햄 링컨(Abraham Lincoln)은 어머니의 신앙교육에 감화를 받아 성경을 손에서 놓지 않았다. 역대 모든 대통령들 가운데 특히 책을 많이 읽은 대통령으로 손꼽히는 링컨은 성경 읽기로부터 독서 능력을 기를 수 있었다. 신앙교육이 자연스럽게 독서 교육으로 연결되어 모든 학습을 원활하게 이끌어갔다. 링컨의 어머니는 성경을 통해서 아들의 신앙교육과 독서 교육을 잘 조화시켰다. 어머니의 가르침이 없었다면 링컨은 영성과 지성을 함께 갖춘 대통령이 될 수 없었을 것이다.

자녀들에게 인생의 자신감을 갖게 했다

『대통령을 키운 어머니들』의 저자 보니 앤젤로(Bonnie Angelo)는 2001년 11월 1일에 우리나라를 방문하여 "대통령을 키운 어머니들이 자녀교육에서 가장 중점을 둔 것이 무엇이었는가?"라는 질문을 받았다. 그녀는 "자기 자신이 '소중한 사람'이라는 것을 인식시키는 것 즉 자신감을 갖게 하는 것이었다."라고 대답했다. 특히 "11명의 미국 대통령 중 적어도 절반은 대통령이 되는데 어머니의 영향이 절대적이었다."고 말했다. 또한 "시대가 바뀌어 일하는 어머니들이 늘어났지만 예전의 어머니들도 집안일에 많은 시간을 빼앗겼다며, 지금의 어머니들도 자녀들에게 근본적인 가치를 심어 줄 시간은 충분하다."고 말하였다.

그녀는 특히 독서 교육의 중요성을 강조했고 자녀교육에서 아버지의 역할이 늘고 있는 것은 바람직한 현상이라고 덧붙였다.

멀리 내다봐야 한다

신세대 부모들의 왜곡된 자녀 양육 방법이 영·유아들의 정신 질환과 장애를 부추기고 있다. 아이의 정서적 요구를 무시한 채 과도한 학습을 요구하거나 반대로 아이에게 모든 것을 맞춰 주는 극단적인 양육 방법으로 인해 소아정신과를 찾는 아이들이 늘고 있다.

서울대학병원의 경우, 1997년에 8,300여 건이던 소아·청소년 정신과 내원 진료 건수가 2001년에 1만 건이 넘어섰다. 삼성서울병원도 1997년에 3,800여 건에서 2001년도에는 5,500여 건으로 늘어났다.

전문가들은 특히 "갓난아기 때부터 이웃과 비교하는 조급증이 가장 큰 원인"이라고 지적하고 있다. 대표적 예가 대소변을 일찍 가려야 똑똑해진다는 생각에 유아들을 다그치지만 4~5세 이전에 훈련을 강요할 경우 오히려 참을성이 부족해지거나 짜증이 심해져 아이의 성격 형성에 역효과를 낳을 가능성이 크다고 전문가들은 말한다.

부모가 어릴 때부터 항상 원하는 것을 들어주고 간단한 어려움조차도 모두 해결해 주었던 아이는 학교 생활에 적응하지 못해 병원을 찾는 사례가 많았다고 한다.

자녀의 창의력을 키워 준다

한국의 어머니들은 아이가 학교에서 돌아오면 "오늘 안 떠들고 공부 잘했니? 선생님 말씀 잘 들었니?"라고 묻는다. 그러나 유대인의 어머니는 "오늘 선생님께 무슨 질문을 했니?", "너는 뭐라고 말씀드렸어?"라고 묻는다.

유대인의 인구는 세계 인구의 0.3퍼센트에 불과하다. 그렇지만 놀랍게도 역대 노벨상 수상자의 30퍼센트 이상이 유대인이다. 그 비밀은 바로 유대인 어머니들의 교육 방법에 있다. 그 중 하나가 아이들에게 '말하기 연습(훈련)'을 시키는 것이다.

유대인들은 자녀에게 단순히 지식을 주입하는 것이 아니라 그것을 자녀의 내면 세계 속에서 잘 정리하고 체계화하도록 하기 위해 표현 연습을 시킨다. 이러한 표현 연습 때문에 유대인들은 남다른 사고력과 창의력, 응용력을 갖게 되었다.

최근 대학 입시나 기업체 사원 면접이 늘어나고 있다. 우리 젊은이들의 자기 표현 능력이 낙제점이라고 한다. 그들은 최고학부를 나와도 자신의 생각조차 조리 있게 표현하지 못한다. 안타까운 현실이다. 이것은 학교에서 돌아온 아이들에게 "안 떠들었느냐?"고 물어보는 우리와 "너는 무엇을 말했느냐?"고 물어보는 것의 차이에서 나타나는 결과이다.

"요즘 젊은이들이 농담이나 말장난에는 능하지만 정작 말이 필요한 자리에서는 꿀 먹은 벙어리가 된다."고 한다. 우리나라 부모들이 자녀의 유아 시절부터 교육 방법을 근본적으로 바꾸어야 할 이유가 여기 있는 것이다.

자녀에게 사명을 일깨워 준다

역사상 위대한 인물들은 어린 시절에 부모로부터 '나' 보다는 '남'을 먼저 사랑하라는 신앙의 가르침을 받으며 자라났다. 위인들은 부모의 신앙교육으로부터 이타적 정신을 기를 수 있었고 성인이 되어 인류의 공익에 이바지하려는 사명을 키울 수 있었다. 아에이브러햄 링컨은 노예 해방과 미 합중국의 분열을 막는 것을 사명으로 삼았고 프랭클린 D. 루즈벨트(Franklin D. Roosevelt)는 대공황의 종지부를 찍겠다는 사명을 가슴에 품었다. 넬슨 만델라(Nelson Mandela)는 인종차별을 종식시키는 것을, 테레사 수녀(Mother Teresa)는 굶주리고 가난한 사람들에게 자비와 연민을 베푸는 것으로 사명의 횃불을 밝혔다. 위인들은 부모의 신앙교육을 통해 '공생'과 '나눔'을 실천하는 진정한 도덕성을 기를 수 있었고, 이 도덕성을 바탕으로 인류 사회의 초석이 되려는 사명에 헌신할 수 있었다.

그렇다면 이제 여러분의 자녀는 어떤 사명을 인생의 푯대로 삼을 것인가?

아버지의 자격을 갖추어라

자상한 아버지가 되라

오늘날 자녀에게 바람직한 아버지는 어떤 사람인가?

어느 유치원에서 미술 시간에 '아빠 그리기'를 했다. 한 어린이가 아빠 대신에 '넥타이를 맨 강아지'를 그렸다. 깜짝 놀란 선생님이 아이에게 영문을 물었다. 아이의 대답은 아빠 얼굴이 생각나지 않는다는 것이었다. 선생님이 "그런데 왜 하필이면 강아지를 그렸어?"하고 물었더니 아이의 대답은 더욱 기가 막혔다. 집에서 기르는 강아지가 아침 저녁으로 집안을 시끄럽게 만드는데, 아침 일찍 나가고 저녁 늦게 들어온 아빠가 가끔 잠결에 들으면 강아지처럼 엄마에게 소리를 치고 온 집안을 시끄럽게 한다는 것이다.

아빠의 모습이 자녀들에게 이렇게 비추어진다는 것은 서글픈 일이다. 사실 아버지를 강아지로 그리는 현상의 잘못은 아이에게 있는 것이 아니다. 그 원인은 아버지에게 있다. 아무리 바쁘더라도 아빠가 아이에게 조금만 자상한 손길을 베풀었다면 강아지가 아닌 사람의 얼굴을 그렸을 것이다.

사전이 없고, 교육이 부실하던 1800년대 초 영국에서 실제로 있었던 일이다. 한 아버지가 아들을 자상하게 가르쳤다. 궁금한 것이 많았던 아이는 아버지에게 무엇이든지 서슴없이 물었다. 하늘에 흘러가는 구름을 보아도, 비 내리고 꽃피는 것을 보아도 아이는 "왜 이러한 일이 일어나는가?"를 아버지에게 물었고 뜻을 풀이해 달라고 졸라댔다. 그럴 때마다 아버지는 짜증을 내지 않고 인내하며 아이에게 차근차근 이치를 설명해 주었다. 아버지는 특히 단어장을 만들어 주며 '스스로 생각하는 교육'을 터득하게 했다. 이 아이는 유년 시절부터 아버지의 따뜻한 사랑과 현명한 교육 속에서 자라나 훗날 세계적인 명성을 얻은 철학자, 경제학자가 되었다. 그가 바로 J. S. 밀(John Stuart Mill)이다.

"바빠서 가정과 아이에게 신경을 쓰고 싶어도 쓸 수 없다."고 하소연하는 아버지들이 많다. 아버지들의 심정이야 충분히 이해할 수 있지만, 그렇다고 해서 자녀교육에 대한 아버지의 무신경과 무관심을 정당화할 수는 없는 문제이다. 자녀교육은 자녀의 앞날과 가정의 행복을 위해서 무엇보다도 중요한 일이며, 나라의 부흥을 위한 첩경이기 때문이다.

여가를 자녀에게 선사하는 아버지가 되라

아무리 시간적 여유가 없다 하더라도 이따금 찾아오는 여가의 틈새를 자녀를 위한 시간으로 선용해 보자. 직장일로 바쁜 아버지들 중엔 모처럼 맞이하는 여가를 스트레스를 해소하기 위한 출구로 사용하고 있다. 낮잠, 술, 오락, 유흥 등으로 여가를 보내는 일이 허다하다. 그러나 어렵게 얻은 여가를 소중한 자녀를 위해 사용하는 아버지들은 많지 않다. 자녀의 미래는 아버지의 여가에 달려 있다고 해도 과언이 아니다.

시인 다이애나 루먼스의 시 「만일 내가 다시 아이를 키운다면」을 보자.

만일 내가 다시 아이를 키운다면
아이의 자존심을 먼저 세워 주고
집은 나중에 세우리라
아이와 손가락 그림을 더 많이 그리고
손가락으로 명령하는 일을 덜 하리라
아이를 바로 잡으려고 노력하기보다는
아이와 하나 되기 위해 더 노력하리라
시계에서 눈을 떼어
눈으로 아이를 더 많이 바라보리라
내가 만일 다시 아이를 키운다면
더 많이 아는 것에 관심을 갖기보다는
더 많이 관심 갖는 법을 배우리라
자전거도 더 많이 타고
연도 더 많이 날리리라
들판에서 더 많이 뛰놀고
별들도 더 오래 바라보리라
더 껴안아 주고 다툼은 피하리라
도토리 속의 떡갈나무를 더 자주 바라보리라
냉정하기보다는 더 많이 받아들이리라
힘을 사랑하는 사람으로 보이기보다
사랑의 힘을 가진 사람으로 보이리라

이 시인이 고백하였듯이, 자녀의 내면 세계를 아는 일에 좀 더 많은

+GOD
만일 내가 다시 아이를 키운다면 아이의 자존심을 먼저 세워 주고 집은 나중에 세우리라 … 내가 만일 다시 아이를 키운다면 더 많이 아는 것에 관심을 갖기보다는 더 많이 관심 갖는 법을 배우리라 – 다이애나 루먼스

시간과 관심을 가질 때 자녀의 인격은 하나님의 그릇으로 성장할 수 있다. 자녀교육을 위해 여가를 선용하는 최소한의 희생을 감수하는 아버지만이 아버지로서의 자격을 갖춘 자이다.

PLUS+GOD 자녀의 삶에 하나님을 더하라

자녀의 내면 세계를 아는 일에 좀 더 많은 시간과 관심을 가질 때 자녀의 인격은 하나님의 그릇으로 성장할 수 있다. 자녀교육을 위해 여가를 선용하는 최소한의 희생을 감수하는 아버지만이 아버지로서의 자격을 갖춘 자이다.

좋은 교육자가 되라

아버지로서의 자격을 갖추려면 좋은 교육자가 되어야 한다. 자녀교육이란 어려운 것이다. 아이들은 저마다 다른 성격을 갖고 있다. 부모를 안심시키고 위안이 되는 자녀가 있는가 하면 근심거리가 되는 자녀도 있다. 자녀의 성격과 정서를 원만한 단계로 이끌어 가기 위해서는 아버지의 넓은 포용력과 함께 자기 수양이 필요하다.

직무에 시달린 나머지 자녀들의 성격 형성에 무관심한 아버지들이 많다. 학업 성적에만 신경을 쓸 뿐이고 자녀의 성장 과정엔 무관심하다. 물론 경제적 또는 사회적인 임무를 소홀히 해도 안 되지만 무엇보다 먼저 아이들의 성격이나 교육에 대해 깊은 관심을 가져야 할 것이다. 이것은 국가 사회의 향상과 발전을 위해서만 아니라 하나님의 영광을 위해서도 대단히 중대한 일이다.

아버지가 자녀에게 좋은 교육자가 되려면 강인한 의지와 끈질긴 인내를 가져야 한다. 무슨 일이든지 일단 결단을 하게 되면 끝까지 침착하게 이를 실행해야 할 것이다. 경우에 따라서는 아들이나 아내의 반대를 무릅쓰고라도 자녀의 참다운 유익을 위해 선한 결단을 강행해야 한다. 그러나 이 결단은 아버지의 일방적 욕심 혹은 아집에서 비롯되어서는 안 된다. 많은 아버지들이 자녀를 소유물로 알고, 자신의 희망을 위해 일방적으로 자녀의 인생을 저당 잡는다. 진정 자녀가 원하는 것이 무엇인지, 자녀에게 적합한 일이 무엇인지를 고민하지 않는다.

자녀를 올바르게 교육할 수 있는 아버지는 단호하면서도 부드러워야 한다. 자녀에게 많은 말을 하기보다는 많은 말을 들어 주어야 한다. 적절하게 양보하고 슬기롭게 참아내야 한다. 자녀의 재능과 관심사를 존중해야 한다. 청소년기의 섬세한 감수성을 이해하고, 자녀의 정서에 해가 될 만한 나쁜 습관에 대해서는 자녀의 인격이 손상되지 않는 한도 내에서 엄하게 꾸짖어야 한다. 아버지는 자녀교육에 너무 지나치게 간섭해서도 안 된다. 어머니의 교육 부족이나 결점을 때때로 보충해 주며, 자녀들에 대한 어머니의 과잉보호를 적절히 통제해 주는 것이 바람직하다. 아버지가 된다는 것은 자기를 위해서 사는 것보다 자녀를 위해 사는 것을 의미한다. 경제적 부양, 교육을 위한 정성과 함께 끊임없는 인내가 필요하다.

건강한 자양분을 먹여라

PLUS GOD TO YOUR CHILDREN

건강한 몸과 정신을 물려주어라

자녀는 하나님께서 부모에게 맡기신 하늘의 보배이다. 부모는 그 보배를 지키고 관리하는 청지기이다.

자녀교육에 있어서 아버지의 영향은 실로 지대하다. 자녀들은 실제로 그 아버지로부터 건강한 또는 병약한 체질을 이어 받는다. 예를 들면 만취가 되어도 마시지 않고는 못 배기는 술버릇 같은 것이 그렇다. 나쁜 영향 때문에 자녀가 입는 손해는 자녀의 일생을 파멸로 몰아넣기도 한다. 아버지의 건강 상태는 자녀의 교육에도 영향을 미친다. 자신의 몸을 병들게 하면서 청지기의 소임을 올바르게 수행하는 사람은 없을 것이다.

하나님께서 내려 주신 귀한 생명을 잘 돌보기 위해서는 먼저 자신의 몸을 건강하게 가꾸고 정신을 정결케 해야 한다. 건강한 몸과 정결한 정신은 자녀에게 물려줄 수 있는 소중한 유산이기

PLUS+GOD 자녀의 삶에 하나님을 더하라

하나님께서 내려 주신 귀한 생명을 잘 돌보기 위해서는 먼저 자신의 몸을 건강하게 가꾸고 정신을 정결케 해야 한다. 건강한 몸과 정결한 정신은 자녀에게 물려줄 수 있는 소중한 유산이기 때문이다.

때문이다.

평생 동안 정결한 정신을 지키기란 쉬운 일이 아니다. 물질만능의 풍조가 만연된 시대 속에서 부모의 소유욕과 소비 욕구를 자극하는 요소들이 점점 더 늘어 가기 때문이다. 특히 아버지들은 하루 중 대부분의 시간을 바깥에서 보내는 까닭에 어머니보다 더욱 물질적 유혹에 노출되어 있다. 술과 관련된 유흥, 사행심을 조장하는 도박성 오락, 향락업소 등이 스트레스를 해소한다는 미명하에 아버지들의 정신을 파멸로 몰아넣고 있다.

어머니들도 빈번한 외식과 쇼핑, 사치품 구입 등과 같은 것을 절제해야 하지만 아버지 역시 소유욕과 소비 욕구를 절제해야 한다. 근검절약은 자녀교육을 위한 재원을 마련하는 데 꼭 필요한 일이다. 그러나 그 보다 더 중요한 의미가 있다. 아버지가 근검 절약할 때, 자녀는 가정의 물질이 부모의 것이 아니라 하나님의 나라를 건설하기 위해 부모에게 위탁하신 하나님의 물질임을 알게 된다. 아버지의 근검 절약을 보고 자란 자녀는 물질의 소중한 가치를 알게 되며, 하나님의 뜻을 위해 물질을 선용하는 방법을 배우게 된다. 아버지의 모범적 행동을 통해 자녀는 또 하나의 청지기로서 성장하게 되는 것이다. 자녀의 몸과 정서를 정결케 하는 길이 아버지에게 달려 있다.

영적 재산을 안겨 주어라

철학자 임마누엘 칸트(Immanuel Kant)의 아버지는 신실한 신앙인이었다. 하루는 말을 타고 숲을 가던 중 강도를 만나 기도 책을 비롯한 소지품을 모두 빼앗겼다. 빈털털이가 되어 걸어가던 칸트의 아버지는 옷 속에 조그만 금덩어리가 있는 것을 발견하고 강도들에게 쫓아가 '이것마저 가져가시오.'라고 말하며 금덩어리를 건네 주었다. '오른 뺨을 치

면 왼 뺨까지도 내어주라'는 그리스도의 사랑이 실제로 나타난 것이
다. 한 번도 받아보지 못했던 사랑 앞에서 강도들은 큰 충격을 받았다.
그들은 빼앗은 말과 물건을 돌려주며 자신들의 행동을 부끄럽게 여겼
다. 강도들은 칸트의 아버지에게서 기도까지 받고 아버지를 친절하게
전송하였다

1996년 애틀랜타 올림픽에서 호주에 첫 금메달을 바친 선수는 가게
점원 출신의 24세의 공기소총 사수인 마이클 다이아몬드(Michael Diamond)였
다. 그는 10m 공기 소총에서 150발 중 149발을 명중시켜 1900년 이후
처음으로 호주의 '사격 금메달리스트'가 되었다. 그는 기자 회견에서
아버지의 충고가 큰 힘이 되었다고 밝혔다. "과녁이 뚜렷이 보일 때까
지는 절대로 움직이지 마라. 과녁이 보인 뒤에는 최대한 집중하라." 이
와 같은 '명중의 이치'를 어릴 때부터 아버지에게서 배웠다는 것이다.

미국의 지미 카터(Jimmy Carter) 대통령은 아버지로부터 다섯 번의 매를
맞았다고 한다. 어린 시절의 어느 날, 아버지가 준 헌금 1센트를 봉헌
하지 않고 오히려 헌금 접시가 지나갈 때 그 속에서 슬쩍 1센트를 훔친
적이 있었다. 카터는 그날 심하게 매를 맞았다. 그러나 그 사건 이후
카터는 일생 동안 단 한 번도 남의 물건에 손을 댄 적이 없었다고 한
다. 어린 나이에 회초리에 담긴 아버지의 사랑을 잘 알고 있었기 때문
이다. 그가 고향 교회인 플레인즈교회에서 40년 넘게 교회학교 교사
로 봉사하고 있는 것도 유년 시절 아버지로부터 받은 엄격한 기독교
교육 때문이다. 자녀를 바르게 키우려면 따뜻한 격려와 함께 사랑의
매를 아끼지 말아야 한다. 아이들에게는 아버지의 훈육이 절대적으로
필요하다.

고대 그리스의 이야기이다. 땅이 있어도 개간하지 않고 게으름만 피

우는 두 아들을 둔 지주가 있었다. 아버지는 죽으면서 "황금을 집 주변의 땅에 묻어 놓았으니 잘 살고 싶으면 땅을 파 그것을 캐내라."고 유언을 했다. 아버지가 죽은 후 두 아들은 전에 볼 수 없을 정도로 성실하고 진지하게 땅을 파며 일했다. 그러나 황금은 없었다. 파 놓은 땅이 아까운 두 아들은 거기에 곡식을 심었다. 추수기가 되었을 때 곡식이 익어 '황금 물결'을 이루었다. 두 아들은 그제서야 성실한 땀방울로 얻은 열매가 황금인 것을 깨달았다. 아버지의 사랑과 지혜는 자녀에게 줄 수 있는 세상에서 가장 값진 유산이다.

이스라엘의 족장 시대에는 아버지가 가정의 중심 인물이었으며 그의 권위는 절대적이었다. 그의 권위는 가족 전원의 안전과 복지와 직결되었다. 유대인들은 가족의 힘이 하나님을 향한 신앙에서 나온다고 믿었다. 그러므로 이스라엘의 아버지들은 하나님께서 자기 백성을 어떻게 사랑하셨나 하는 이야기를 자녀들에게 들려주고 온 백성들에게 그들의 역사를 이해시켜야 할 책임을 가지고 있었다.

"…너는 그 일들을 네 아들들과 손자들에게 알게 하라…"^(신 4:9~10)고 기록된 것처럼, 성경은 아버지가 자녀들의 교사요 가족의 영적 복지를 지키는 수호자임을 말해 주고 있다. 아버지는 자녀들을 사랑하지만 때때로 책망도 했다. 훈계와 책망은 자녀를 올바르게 성장시킬 수 있는 사랑의 지혜였다. 이스라엘의 아버지들은 자녀를 향한 맹목적 사랑에서 벗어나 하나님의 뜻에 따라 자녀를 사랑하는 방법을 알고 있었다. 오늘날 크리스천 가정의 아버지는 이스라엘 가정의 아버지를 거울 삼아 자녀교육이 하나님으로부터 위탁된 귀중한 일임을 깨달아야 한다.

아버지가 가정의 머리가 되라

+GOD
내 아들아 네 아비의 훈계를 들으며 네 어미의 법을 떠나지 말라" – 잠 1:8

성경에서 자녀교육의 규범이 되는 말씀은 "내 아들아 네 아비의 훈계를 들으며 네 어미의 법을 떠나지 말라"^(잠 1:8)라는 구절과 "내 아들아 네 아비의 명령을 지키며 네 어미의 법을 떠나지 말고"^(잠 6:20)라는 구절이다. 이두 구절 속에서 언급된 '어머니의 법과 아버지의 훈계와 명령'에 주목할 필요가 있다. 언뜻 보기에는 딱딱한 분위기가 느껴지지만, 신앙 속에서 출발하는 자녀교육이 맹목적인 것으로 떨어지지 않고 냉철한 이성을 통해 질서와 분별력을 갖추고 있음을 알 수 있다. 훈계란 하나님의 지혜를 받아 자녀의 잘못을 지적하고 변화시키는 행위이다. 훈계란 아버지의 권위로 자녀를 억압하려는 것이 아니다. 큰 소리로 호통을 치며 자녀의 말문을 막아 놓는 것도 아니다. 훈계란 자녀들이 자신의 잘못을 마음 깊이 뉘우칠 수 있도록 자녀를 설득하고 교육하는 과정이다.

자녀의 조화로운 인격 형성은 아버지의 이성적^(理性的) 훈계와 어머니의 감성적 사랑을 동시에 필요로 한다. 자녀들은 아버지로부터 도덕적인 사고와 태도를 배운다. 아버지는 가정의 관리자이며 지도자이다. 가정을 대변할 필요가 있을 때 아버지는 대표자의 책임을 다하여야 한다. 아버지의 존재는 가족의 마음에 안정을 주고 가족의 신뢰를 받아야 한다. 그래야만 가정의 머리로서 온 가족의 화합을 돈독히 하고 자녀교육을 원활히 할 수 있다.

아버지는 영적인 면에서 지도자이다. 아버지는 자녀를 하나님의 말씀으로 양육할 책임이 있다. 그러므로 자녀에게 아버지의 언행을 통해 하나님의 사랑을 알 수 있도록 가르쳐야 한다. 자녀들이 하나님의 형상대로 지음 받았고 잠재적인 가능성인 달란트를 소유한 자라는 것을 인식하여 자녀교육을 거룩한 소명으로 받들어야 한다.

영향력 있는 어머니가 되라

PLUS GOD TO YOUR CHILDREN

현대인들은 과학과 기계 문명의 발달로 인해 인간성을 상실하기 쉽다. 그렇기 때문에 이러한 사회에서 살아가는 사람을 길러 내는 일차적 책임은 어머니에게 있다. 현대의 어머니라고 해서 어머니의 역할이나 기본적 능력이 다른 것이 아니다. 훌륭한 어머니란 어느 시대를 막론하고 다음의 세 가지 능력을 갖춘 사람이다.

첫째, 어머니는 자식을 자신 있게 사랑할 수 있어야 한다.

수태의 순간부터 모든 인간은 환영받아야 하고 출생하는 순간부터 그는 사랑받아야 한다. 사랑을 통해 유아는 어머니를 사랑하게 되고 신뢰하게 되며 더 나아가서 가족과 다른 사람들을 사랑할 줄 알게 된다. 어머니의 자신 있고 희생적인 사랑 속에 자녀는 안정감과 생에 대한 신뢰를 갖게 되기 때문이다. 불확실한 사랑, 사랑의 결핍, 자기중심적인 사랑은 자녀로 하여금 자신감의 결여, 불신, 우울한 성격을 갖게 한다.

둘째, 어머니는 자녀의 개체성과 독립성을 존중해야 한다.

훌륭한 어머니는 자녀가 아무리 어리다 해도 장차 독립된 인간으로 성장할 고유한 개체임을 인정하고 존중해 준다. 필요한 도움을 주되 최소한으로 하며 스스로 배우고 해결할 기회를 빼앗지 않는다. 작다고 무시하지도 말고 실패만을 경험케 하지도 말아야 한다. 적절한 통제와 보호를 통해 자녀의 자신감과 자율성을 최대한으로 키워 준다. 과잉 통제나 과잉 보호는 가장 바람직하지 못한 어머니의 태도이며, 자녀의 성숙에 있어서 최대의 적이다. 과잉 통제는 자녀의 자율성 형성을 저해할 뿐 아니라 부모나 권위자에 대한 분노를 키워 주며, 과잉보호는 독립성을 위축시키고 자기 충동을 억제치 못하는 자기중심적 이기주의자를 길러 낼 뿐이다.

셋째, 어머니는 자녀에게 행동의 귀감이 되어야 한다.

자녀는 훈계나 명령, 즉 말을 통해 배우는 것이 아니고 부모의 행동을 관찰함으로써 배운다. 따라서 어머니의 행동 하나하나는 가장 중요한 모델이 된다. 우선 어머니는 자신의 생을 즐겨야 한다. 자신이 어머니로서의 역할, 아내로서의 역할에 만족하고 즐거워하는 것만큼 중요한 것은 없다. 이를 통해 자녀는 남녀 관계의 바람직한 즐거움을 배우고 남성다움, 여성다움, 엄마 · 아빠의 사회적 역할 등을 배운다. 만일 아내로서의 역할에 불만인 어머니를 가졌다면 그 결과는 너무나 자명하지 않은가! 또한 어머니는 올바른 가치관과 행동 규범을 보여 주어야 하며 그 사회의 전통과 아름다운 풍습 등을 가르치는데 솔선수범을 보여야 할 것이다. 부모의 태도를 통해 남의 권리 존중, 이웃 사랑, 국가관, 세계관, 인생관의 기초가 이루어짐은 두 말 할 필요가 없다.

바람직한 사회는 육체적으로 건강하며 지적이나 도덕적으로도 건강한 남녀를 필요로 한다. 이는 육아와 자녀교육이 지향하는 중요한 목표이기도 하다. 사람의 됨됨이는 여섯 살까지 결정된다는 말이 있다. 물론 이 말은 어린이들의 교육이 여섯 살에 끝난다는 것을 뜻하는 것은 아니다. 여섯 살 난 어린이에게 정서와 인격을 심어 주는 첫 교육이 아이의 성장에 결정적 뿌리 역할을 한다는 것이다.

교육심리 학자들은 한결같이 자녀교육을 위해 다음과 같은 지침들을 강조하고 있다. "자녀들 앞에서 모범을 보여라. 대화를 많이 가져라. 칭찬에 인색하지 마라. 자녀들의 인격을 존중하라. 약속을 반드시 지켜라. 부모가 먼저 화목한 모습을 보여라." 교육심리학자들의 견해에서 알 수 있듯이, 아이에 대한 훌륭한 가르침은 어머니의 온전한 인격과 마음가짐에서 나온다. 좋은 어머니가 되기 위해서는 육아법과 아동 교육에 대한 지식도 갖추어야 한다. 자녀의 건강을 위한 육아법의 이론과 응용을 배우는 것은 자신의 성격을 단련하는 데도 도움이 된다. 어머니는 주간지, 잡지 같은 것을 탐독하는 대신 성경, 고전, 교양 서적 등을 체계적으로 읽는 것에 흥미와 관심을 가져야 한다.

어머니는 자녀에게 무엇을 가르칠 것인가? 아주 어릴 때부터 질서 정연하고 깨끗한 환경 가운데서 식사, 놀이, 학습 같은 것을 시간표에 따라 규칙적으로 이행하게 된다면 어른이 되어서도 자기 생활의 질서를 만들어 갈 수 있을 것이다. 그러므로 어머니는 자녀가 어려서부터 자기의 욕심이나 기호를 충족하고 살아가는 생활을 절제할 수 있도록 가르쳐야 한다. 맛있는 것이나 장난감을 사이좋게 나누어 가지도록 가르쳐야 한다.

훗날 자녀들은 교육에 있어서 어린 시절의 생활이 얼마나 중요한 것인가를 알게 될 것이다. 자녀교육이 어머니의 감화력에 달려 있다는 것을 깨닫게 될 것이다. 그러므로 사랑의 가정을 가꾸고 바람직한 사회를 낳는 데 어머니의 교육적 소임은 아무리 강조해도 지나치지 않다.

기도로 뒷받침하라

"세 살 적 버릇이 여든까지 간다."는 속담은 부모가 자녀교육에 있어서 얼마나 절대적인 영향을 끼치는가를 단적으로 말해 준다. 가정은 "가장 훌륭한 교육장"이며 부모는 "제 일차적 교육자"임을 인식해야 한다.

어느 고등학교 교사는 오락실 출입이 잦은 자기 자녀에게 회유책과 강경책을 모두 동원했으나 자녀교육에 실패했다고 고백하였다. 결국 그는 자녀와 함께 지속적인 '가정예배'를 드림으로써 바른 습관을 길러 줄 수 있었다고 했다. 이와 같이 가정예배는 자녀교육에 있어서 가장 중요한 프로그램이다.

부모들은 자녀를 내 소유물로 생각해서는 안 된다. 청지기로서 자녀들을 훌륭하게 양육하여 하나님의 일꾼이 되도록 길러야 한다. 부모들은 "여호와를 경외하는 것이 지식의 근본"(잠 1:7)이라는 가르침에 따라 신앙의 전승에 더 많은 관심을 가져야 한다.

시편에 "자식은 여호와의 주신 기업이요 태의 열매는 그의 상급"(시

+GOD
자식은 여호와의 주신 기업이요 태의 열매는 그의 상급 – 시 127:3

127:3)이라고 했으며, 말라기 4장 6절에는 "아비의 마음을 자녀에게로 돌이키게 하고 자녀들의 마음을 그들의 아비에게로 돌이키게 하리라"고 권면하고 있다. 이 말씀은 자녀를 끊임없는 관심과 사랑으로 양육해야 하는 당위성을 가르치고 있다.

욥은 자녀들의 범죄를 막기 위하여 매일 아침에 자녀의 명수(名數)대로 번제를 드렸다. "욥이 그들을 불러다가 성결케 하되 아침에 일어나서 그들의 명수대로 번제를 드렸으니 이는 욥이 말하기를 혹시 내 아들들이 죄를 범하여 마음으로 하나님을 배반하였을까 함이라 욥의 행사가 항상 이러하였더라"(욥 1:5). 이 말씀은 오늘의 크리스천 부모들에게 시사하는 바가 크다.

또한 삼손의 아버지 마노아는 이렇게 기도했다.

"주여 구하옵나니 주의 보내셨던 하나님의 사람을 우리에게 다시 임하게 하사 그로 우리가 그 낳을 아이에게 어떻게 행할 것을 우리에게 가르치게 하소서"(삿 13:8)

"이 아이를 어떻게 기르오며 우리가 그에게 어떻게 행하오리이까"(삿 13:12)

현대의 부모들은 마노아의 기도를 모범으로 삼아야 한다. 부모들은 기도하는 중에 하나님께서 자녀의 양육을 위해 말씀하시는 목소리를 들을 줄 알아야 한다.

"너희 자녀들은 너희에게 주는 특별한 선물이다. 그를 사랑하라. 훈계하라. 그리고 그를 나와 접촉(만나)하게 하라."

또한 아침에 일어났을 때와 잠들기 전에 자녀들을 위하여 반드시 기도하는 습관을 길러야 한다. 기도하지 않는 부모 밑에서 자란 자녀들의 마음은 황폐화될 가능성이 크다.

우리 자녀들의 문제를 내놓고 하나님께서 응답하실 때까지 기도하면, 아무리 고통스러운 문제일지라도 완전히 해결될 수 있다고 굳게 믿어야 한다. 사무엘의 어머니 한나, 요한 웨슬레의 어머니 수잔나, 어거스틴의 어머니 모니카는 하나님을 붙잡고 눈물로 기도하여 응답을 받지 않았는가?

세대를 따르지 않는 부모가 되라

PLUS GOD TO YOUR CHILDREN

요즘 아이들은 어른들보다 더 바쁘다. 그래서 그런지 아이들의 얼굴에서 점점 천진난만한 향기가 사라져 가고 있다. 그들의 얼굴에서 여유를 찾아보기가 힘들어졌다. 한가하게 동화책을 읽고 방바닥을 뒹굴며 낮잠을 즐길 시간이 없다. 학교로 학원으로 바쁘게 뛰어다니는 우리 아이들이 무엇을 얼마나 더 배우게 될까? 나는 이따금 학원의 숙제 때문에 학교의 과제를 소홀히 하는 아이들을 본다. 그런 아이들을 볼 때마다 안타까운 심정을 느낀다.

이제 우리의 자녀들이 신나게 학교생활을 하도록 도와주어야 한다. 평소 아이들과 많은 대화를 나누고 아이의 의사를 존중해 주며 한두 가지 좋아하는 과제를 스스로 하도록 이끌어 보자. 무슨 일을 하든지 아이가 관심과 책임감을 느끼며 할 수 있도록 부모의 따뜻한 사랑이 필요하다. 부모에게 이끌려 마지못해 하는 것보다는 스스로 선택한 과제를 해결하게 함으로써 자신감, 성취감을 심어 주어야 한다.

그러므로 학원에 많이 보내고 장난감 잘 사 주는 부모가 아니라 아이들의 보이지 않는 마음속에 믿음과 꿈 그리고 사랑을 심어 주는 부모가 되어야 한다. 아이들은 매일 변화한다. 별을 보면 별을 닮고 싶고, 꽃을 보면 꽃을 닮고 싶어한다. 매일 변화하면서 성장한다. 변화하지 않고 성장하지 않는 것은 어른들의 굳은 생각과 욕심뿐이다.

자녀들을 위해 가장 바람직한 일은 우리 부모들이 가정과 사회생활에서 먼저 변해야 한다는 점이다. 자녀 하나하나가 하나님 안에서 가장 소중한 존재임을 인정할 때 그들의 장점은 물론 단점까지도 사랑할 수 있게 된다. 아이들이 각자의 노력과 적성을 살려 최선의 삶을 준비할 수 있도록 사랑하며 기다려 주는 지혜가 필요하다. 그리고 아이들 앞에서 "우리는 너희들을 믿는다."고 말할 수 있어야 한다.

하나님이 우리의 가정에 어린아이를 태어나게 하신 것은 놀라운 일이다. 우리 자녀들은 각기 다른 개성을 가지고 태어났다. 우리는 새로 태어난 아이를 품에 안을 때마다 "이 아이는 훌륭한 사람이 될 수 있는 잠재력을 가지고 있다."라고 생각했을 것이다.

부모에게는 이 아이를 훌륭하게 키울 수 있는 황금 같은 기회가 주어져 있다. 아이는 양육과 교육 여하에 따라 훌륭한 사람이 되기도 하고 비인격자가 되기도 한다.

대학 졸업장이 사람의 지위를 결정하고 일류대학 출신이라야 영달을 누릴 수 있다는 잘못된 사회 풍토 때문에 자녀의 교육은 진학과 학벌이라는 목표에 구속되었다. 이에 따라 부모들은 남보다 앞서 가려는 경쟁 교육을 위해 가정의 경제에 부담이 갈 정도로 사교육비를 막대하게 지출하고 있다. 정말 이런 식의 교육 방법이 옳은 것인지 생각해 보아야 한다.

행복한 가정은 세상의 모든 조건을 다 갖추었다고 이루어지는 것이 아니다. 오늘날 흔히 문제가 되고 있는 가정은 사회적 지위가 있고 경제적 풍요를 누리는 가정들이다. 이들 가정에서의 부부 문제, 자녀 문제가 날로 심각해지고 있는 것 같다.

자녀의 취미와 소질에 관계없이 너무 많은 것을 가르치고 배우느라 부모와 자녀가 다 같이 지치는 현실이 과연 옳은 것인가? 부모가 못다 이룬 꿈과 욕망을 자녀를 통해 충족하려는 대리만족의 태도는 과연 온당한 것인가? 부유층 자녀들이 극빈 가정의 자녀들보다 더 쉽게 탈선하는 것은 부모의 자녀교육이 잘못되었기 때문이라는 것을 부모는 알고 있는가? 그리고 자녀들의 능력을 불신해서 모든 일을 부모가 대신 해 주는 과잉보호가 자녀를 유약하게 만든다는 것을 부모는 알고 있는가?

현명한 부모는 자녀의 개성을 존중하고 재능을 장려해 주며 올바른 사고를 갖고 생활할 수 있도록 배려해 주는 부모이다. 그리고 자녀의 학습을 도와주는 보조자의 역할을 하면서 좋은 책을 골라 자녀와 함께 읽고 이야기를 나누는 부모이다.

자녀에게 마음의 문을 열어라

● PLUS GOD TO YOUR CHILDREN

최근 잇따르고 있는 패륜 사건과 관련하여 많은 부모가 자녀를 키우는 일에 대해 일종의 두려움을 느끼고 있다. 따라서 이러한 두려움은 자녀교육의 새로운 방법을 모색하려는 움직임을 낳고 있다는 점에서 긍정적인 자극제 역할을 하기도 한다.

우리의 자녀를 지성, 감성, 도덕성, 영성을 갖춘 전인(全人)으로 양육하려면 어떤 방법이 필요한가?

기독교가정사역연구소가 부모들의 양육 태도 세 가지를 들고 가장 바람직한 자녀교육의 방법을 제시해 관심을 끌고 있다. 이 연구소의 연구 결과에 따르면, '일방통행형 부모'와 '무관심형 부모'가 자녀의 전인적 성장에 걸림돌이 되고 있다.

첫째, '일방통행형 부모'는 자녀가 무엇을 원하는지 생각지 않고, 자신의 생각과 바람만을 자녀에게 주입시키고 관철시키는 독재형 부모이다. 이러한 부모는 자신의 취향대로 비싼 옷을 사주고 고액 과외를 시키면서 이것이 자녀에 대한 사랑이라고 믿는다. '자녀의 인생은 곧 나의 인생'이라고 생각하기 때문에 이런 유형의 부모는 자신의 '이미지'가 사회 속에서 구겨지는 것을 참지 못한다. 자녀가 실수하는 것을 참지 못하고 모든 것을 대신해 주며 자녀를 통제하고 과보호한다. 이런 교육 환경 속에서 자란 자녀는 부모에게 일방적으로 의존하며 스스로 의사를 결정하지 못한다.

'일방통행형 부모'는 항상 "부모는 옳고 자녀는 틀렸다"고 전제하며 자녀들에게 복종을 요구한다. 복종을 잘 하면 상이 크지만 복종하지 않으면 반드시 벌이 따른다. 따라서 부모의 독재적 횡포에 대해 반항하는 자녀들이 나타나는 것도 전혀 무리는 아니다. 반항의 태도로 거짓말과 도둑질을 일삼고, 심하면 부모에게 폭력을 휘두르기도 한다.

이런 유형의 부모 밑에서 자란 자녀는 대인 관계에서 신뢰감을 갖지 못한다. 부모의 일방적 행동으로 인한 피해 의식 때문에 사람을 믿지 못하고 언제나 이용당하고 있다는 느낌을 갖기 쉽다. 전문가들은 '일방통행형'의 부모 밑에서 성장한 자녀는 결혼 후 남편, 아내의 역할조차 감당하기 힘들다고 지적한다. 결혼 후에도 부모에게 의존하여 독립적인 의사 결정을 못 하기 때문이다. 부모의 잘못된 교육 방법이 자녀의 성격적 결함을 낳는 역기능을 발휘한 셈이다.

둘째, '일방통행형 부모'보다 더욱 위험한 부모는 자녀에게 아무런 간섭도 통제도 하지 않는 부모로 이른바 '무관심형 부모'이다. 자녀의 생일이 언제인지, 자녀가 무엇을 좋아하는지 전혀 관심을 갖지 않기 때문에 자녀로부터 '과연 나를 사랑하는가?'라는 의구심을 갖게 한다. 이런 부모는 자녀의 학교생활을 알려고 하지 않고 귀가가 늦어도 궁금해 하지 않는다. 칭찬은 물론 없고 야단도 치지 않는다.

성취욕과 물질적 욕망 때문에 일의 노예가 된 부모들이 자녀로부터 사랑 결핍증을 느끼게 한다. 자녀를 '심리적 고아'로 만드는 것이 이런 부모들의 가장 큰 잘못이다. 이런 부모 밑에서 자란 자녀는 극심한 소외감과 외로움을 느낀다. 성장해서도 인간 관계를 기피하고 자신을 과소평가하게 마련이다. 부모로부터 사랑을 받지 못한 것이 콤플렉스로 작용하여 매우 공격적인 사람이 될 수 있다. 상대방의 조그만 비난에도 과민 반응을 나타내고 감정을 절제하지 못하는 것이다.

자신에게 무관심했던 부모에 대한 증오 때문에 보상 심리가 작용하여 폭력의 노예가 되기도 한다. 부모의 따뜻한 관심과 애정을 받지 못하고 자란 자녀가 부모가 되었을 때, 그 다음 세대의 자녀는 더욱 큰 고통을 받게 된다.

'일방통행형 부모'와 '무관심형 부모' 둘 다 자녀교육의 큰 걸림돌이 되고 있다. 그렇다면 자녀를 억압하지도 않고 자녀를 자유방임하지도 않는 사람이 자녀교육에 있어서 이상적인 부모의 유형이라 할 수 있겠다.

셋째, 기독교가정사역연구소는 가장 바람직한 부모의 유형으로 '수용형 부모'의 모델을 제시하고 있다. 이 유형의 부모는 자녀를 하나의 인격체로 대한다. 자녀의 학업 성적이 떨어졌을 때에도 질책하지 않고 "최선을 다했으면 괜찮아."라고 격려해 주는 부모이다.

자녀가 책과 옷을 구입하거나 여행지를 선택할 때 강요하지 않는다. 스스로 선택할 수 있도록 지침과 조언을 줄 뿐이다. 자녀의 의견이 부모와 다르다 할지라도 그것을 무시하지 않고 말할 수 있는 기회를 주며 존중해 준다.

이 유형의 부모는 하나님께서 인간의 모든 죄를 용서하셨듯이 가정 안에서 용서가 이루어져야 한다고 믿는다. 자녀의 실수를 용납하며 부모 역시 자신의 실수를 이야기하고 용서를 구한다. 따라서 부모와 자녀 간의 열린 대화를 기대할 수 있다.

무엇보다도 이 유형은 가정 안에서 옳고그름의 기준을 분명히 제시하며 부모가 자녀에게 좋은 모델이 되어 준다는 점이 가장 큰 장점이다. 이런 부모 밑에서 자란 자녀는 자신감이 넘치고 삶의 여유를 갖고 성장한다. 따라서 삶의 위기를 극복할 줄 아는 지혜가 생기며, 실패를 해도 다시 도전할 용기를 갖게 된다.

'수용형 부모'는 자녀를 격려할 줄 안다. 격려는 자녀로 하여금 자신이 가치 있는 존재라는 것을 깨닫게 해 준다. 크리스천의 가장 큰 격려는 기도이다. 부모의 지식과 지혜가 모자라도, 기도하는 부모는 자녀에 대한 변함없는 사랑 속에서 자녀교육의 지혜와 방법을 깨닫게 된다. 기도 위에 사랑을 얹을 때 자녀교육의 모든 장애를 극복할 수 있다.

+GOD 수용형 부모'는 자녀를 격려할 줄 안다. 격려는 자녀로 하여금 자신이 가치 있는 존재라는 것을 깨닫게 해 준다. 크리스천의 가장 큰 격려는 기도이다.

대화로 사랑의 끈을 연결하라

● PLUS GOD TO YOUR CHILDREN

우리는 자녀와의 대화가 중요하다는 것을 잘 알고 있다. 그러나 실제로 아이들과의 대화가 제대로 이루어지는 가정이 얼마나 되겠는가? 자녀들의 인격을 존중해 주지 않는 한, 대화가 아니라 부모의 잔소리와 자녀의 불평만이 있을 뿐이다. 명령으로 일관하는 부모의 태도에 대해 자녀들이 반항하는 것은 당연하다.

부모와 자녀 사이의 단절이 사회 문제로 나타난 것은 비단 한 나라의 문제가 아니라 세계의 문제인 것 같다. 미국에서도 어느 통계에 의하면 아빠가 매일 자녀와 이야기하는 시간은 평균 3분간이라고 한다. 일본의 텔레비전 프로그램 중에서 "3분간 기다리는 거야."란 유머러스한 대사가 생각난다. 아빠와 자녀가 인스턴트 카레가 익기 전까지의 시간 정도밖에는 대화를 하고 있지 않다는 말이다. 현대의 가정에서 부모와 자녀의 대화가 사라져 가고 있음을 풍자하는 에피소드이다. 이처럼 대화의 단절이 지속된다면 자녀가 부모의 태도와 사고방식을 배우려 해도 배울 수 없는 것이 아닐까?

그러나 유대인의 가정에서는 이런 일이 전혀 없다. 어린이는 유아 시절부터 아빠를 한 가장으로서 존경하며 아빠도 가장답게 행동한다. 자녀가 대화를 통해 부모로부터 가르침을 배우는 것이 당연한 것으로 되어 있다.

아버지가 대화를 이끌어라

대화를 통한 교육을 가능케 해 주는 유대인의 시스템이 바로 안식일(Sabbath)이다. 우선 구약성경에서 안식일에 관한 기록을 살펴보자.

"모세가 이스라엘의 온 회중을 모으고 그들에게 이르되 여호와께서 너희에게 명하사 행하게 하신 말씀이 이러하니라 엿새 동안은 일하고 제 칠일은 너희에게 성일이니 여호와께 특별한 안식일이라 무릇 이 날에 일하는 자는 죽일지니 안식일에는 너희의 모든 처소에서 불도 피우지 말지니라"(출 35:1~3)

생각해 보면 참으로 엄격한 규칙이다. 물론 오늘날에는 사람을 죽이는 일은 없지만, 금요일 해가 지면서부터 토요일 해가 질 때까지 계속되는 안식일 동안에는 지금도 일체의 불을 사용하지 않는다. 요리도 금하고 있다. 유대의 주부는 금요일 해지기 전에 모든 음식 준비를 마친다. 안식일 동안에는 불을 피울 수 없으므로 그에 앞서 모두 해 두는 것이다. 탈 것을 타는 것도 안 되므로 엘리베이터도 타지 않을 정도이다.

아버지와 자녀와의 대화가 무엇보다도 중요하다. 안식일에는 아버지가 자기 방으로 어린이를 한 사람씩 불러서 차분히 이야기를 한다. 그들이 하는 이야기는 1주일 동안에 공부한 내용과 그 주간에 있었던 일을 화제로 삼아 그것에 대하여 이야기하는 것이다.

자녀를 업신여기거나 함부로 말하지 마라. 자녀들은 부모로부터 존중받는다는 생각이 들면 하고 싶은 말을 할 용기를 갖고 쉽게 대화의 문을 열 것이다. 자녀들의 정직한 질문을 부모들이 정직하게 받아주지 않는 한 대화는 불가능하다.

유대의 아버지는 가장으로서의 아버지상을 어린이의 가슴에 확실하게 새겨 두며 어린이에게 아버지는 '선생님'으로까지 생각될 것이다.

그러므로 유대의 어린이는 아버지를 "우리 아버지인 선생님"이라고 부르고 있다. 그들의 대화 시간은 30분 정도가 보통이지만 어린이로서는 1주일간을 총정리하는 중요한 시간이다.

한국에서는 안식일과 같은 습관이 없는 듯하다. 한국의 아버지는 낚시나 골프 등으로 일요일의 시간을 사용하는 수가 많아 자녀들과 이야기하는 기회가 적어진다. 아버지는 일요일의 시간을 적어도 어린이와 대화를 나누는 데 사용해야 하지 않을까?

더구나 평일은 아버지의 귀가 시간이 일정하지 못하고 이따금 자녀들이 잠든 후에 돌아오는 수도 있다. 이렇게 되면 자녀에게는 아버지가 없는 것과 다름이 없다. 또한 유대의 아버지는 평일에도 특별한 사정이 없는 한 저녁을 가족과 함께 들 수 있는 시간에 귀가한다. 아버지가 대화하는 기회를 갖는 한 세대간 단절은 생기지 않는다고 생각한다.

대화로써 자녀의 세계를 지켜라

하나님께서는 우리 인간을 어떻게 다루시는가를 생각해 보자. 완전하신 하나님도 죄 투성이인 우리의 인격을 최대한 존중해 주신다. 그분께서는 우리의 죄가 주홍 같을지라도 "오라 우리가 서로 변론하자"(사 1:18)고 하시는 분이다. 부모들은 자녀에 대해 좀 더 참고 좀 더 지혜로울 필요가 있다. 부모들은 하나님처럼 완전하지 못하고 결함을 지닌 존재인 까닭에 하나님의 도움을 구하며 "어떻게 하면 아이 스스로가 기쁜 마음으로 바른 것을 선택하도록 내가 도와줄까?"를 생각해야 한다.

자녀를 업신여기거나 함부로 말하지 마라. 자녀들은 부모로부터 존중받는다는 생각이 들면 하고 싶은 말을 할 용기를 갖고 쉽게 대화의 문을 열 것이다. 자녀들의 정직한 질문을 부모들이 정직하게 받아주지 않는 한 대화는 불가능하다.

부모는 자녀보다 많은 세월을 살아왔기 때문에 자녀가 하나를 물으면 부모는 이미 그 하나가 몰고 올 여러 가지 결과까지도 내다보게 된다. 그래서 자녀의 정직한 질문에 대해서 부모는 그에 대한 대답을 해주지 않고 오히려 자녀가 미처 생각지도 못한 여러 가지 대답만 장황하게 나열하거나 야단을 치는 경우가 많다. 이것은 대화가 아니다. 이런 경우 부모와 자녀 모두에게 감정적인 상처만 남게 된다.

예수님은 사람의 높고낮음을 개의치 않고 모든 사람의 정직한 질문을 받아 주셨다. 자녀들의 질문에 정직하게 대답하는 것은 참으로 중요하다. 그들의 정직한 질문 속에는 어떻게 생각하고 어떻게 살아가는가를 살펴볼 수 있는 가치관이 담겨 있기 때문이다.

부모와 자녀의 대화가 단절된다는 것은 자녀의 세계를 잃어버리는 것과 같다. 하나님께 대해, 소중한 믿음에 대해, 미지의 세계에 대해 자녀들은 끊임없는 질문을 가지고 있다. 이런 질문에 대해 '온유와 두려움으로 대답할 말'(벧전 3:15)을 준비해야 하는 사람이 부모이다.

부모와의 대화가 원만할 때, 자녀들은 부모를 자기들 위에 군림하는 권위자로서가 아니라 하나님께 가까이 다가가는 선배요 친구로서 존경하게 될 것이다. 자녀들은 부모의 골칫덩어리가 아니다. 함께 이야기하고 서로 의논하고 기쁨과 고통을 나누며 살아가도록 우리에게 주신 하나님의 과분한 선물이다.

3장 책읽기는 지혜의 나침반이다

* 책읽기를 모든 학습의 기초로 삼아라
* 책에서 생각의 힘을 얻어라
* 좋은 책을 골라 주어라
* 글의 힘으로 자녀의 삶을 바꾸어라
* 시(詩)를 선물처럼 안겨 주어라
* 살아 있는 학습을 체험케 하라
* 방학 중 독서 계획을 세워라

책읽기를 모든 학습의 기초로 삼아라

독서를 좋아하는 자녀는 열 명 중에 한 명 정도이다. TV, 비디오, 컴퓨터 게임 등이 아이들의 시선을 사로잡고 있기 때문이다. 아이들은 생각하기를 싫어한다. 부모들이 자녀들에게 학원, 과외 그리고 학습지 등 다양한 방법을 동원해도 아이들의 사고력과 상상력을 기르는 데는 큰 효과가 없을 것이다. 아이들이 책을 많이 읽지 않기 때문이다. 참으로 안타까운 일이다. 그렇다면 독서를 싫어하는 자녀들에게 어떻게 하면 책을 읽도록 할 수 있을까? 가정에서 자녀들의 독서 지도는 어떻게 해야 할까?

신앙이 모든 교육의 기초라면 책 읽기는 모든 학습의 기초이다. 글쓰기 학습, 논리 학습, 응용 학습의 뿌리는 책 읽기이다. 그러므로 책을 읽어야 한다. 책읽기는 습관화되어야 한다. 생활화되어야 한다. 책 읽는 자녀로 키우려면 태중에서부터 어머니가 좋은 책을 읽어 주어야 하며 책을 가까이 하여야 한다. 유아원이나 유치원 시기부터 그림책이나 동화책 등과 자주 접할 수 있어야 한다. 유아들에게 책을 읽히게 되면 글자를 쓸 수 있게 되고 어휘가 풍부해지며 발음이 정확하게 되고 상상력을 갖게 된다.

초등학교에 진학하여 지속적으로 책을 많이 읽게 되면 공부는 저절로 잘하게 될 것이다. 책 읽기는 모든 학습의 기초이기 때문이다. 성장에 따라서 약간씩 다르긴 하지만 대체로 남자 아이들은 초등학교 3학년, 여자 아이들은 3~4학년까지 책 읽는 습관을 들여야 한다. 그 이후에는 책 읽는 습관을 들이기에 어려움이 많다. 4~6학년이 되면 활동력이 왕성하여 밖에 나가 놀기를 즐겨하고 중학교에 들어가면 시간에 쫓기기 때문이다.

초등학교 때 전래 동화, 창작 동화, 동시, 우화, 위인전, 소년 소녀 문학을 읽지 않으면, 중학교에 가서도 독서에 흥미를 붙일 수 없고 자발적으로 책을 가까이 하기도 어렵다. 그러므로 책읽기는 어려서부터 생활화, 습관화되도록 부모들이 특별한 관심을 가져야 한다.

'동화구연 아버지회'가 우리나라 초등학생 724명을 대상으로 실시한 설문 조사에 따르면, 어린이들 중 61퍼센트가 "아빠가 전혀 동화를 들려준 적이 없다."고 답하였고, "어머니가 전혀 동화를 들려주지 않았다."고 대답한 어린이들도 무려 51퍼센트에 달하였다. 그나마 한 달에 한 번이라도 동화를 들려준 경험이 있는 아버지는 17퍼센트, 어머니는 18퍼센트에 불과하였다. 참으로 서글픈 현실이 아닐 수 없다.

아이들의 잠재된 창의력을 계발하려면 부모가 아이와 함께 책을 읽으면서 아이의 호기심을 유발할 수 있는 질문을 던져야 한다. 호기심은 지적 발달의 지름길이자, 사고와 상상을 키우는 촉매 역할을 한다. 부모가 책을 매개로 아이와 함께 지속적인 질문과 답을 주고받을 때, 아이는 책의 이야기를 자기의 방식대로 변화시킬 수 있는 창의력을 발휘하게 된다. 창의력이 늘어감에 따라 언어 표현 능력도 자연히 성장하게 된다. 무엇보다도 잠자리에서 아이에게 책을 읽어 주면 지식과 함께 풍부한 정서를 공급받게 된다. 아이가 인격을 갖춘 전인(全人)으로 성장하려면, 어릴 때부터 부모가 책을 읽어 주면서 함께 이야기를 나누는 시간을 만들어야 한다.

책에서 생각의 힘을 얻어라

PLUS GOD TO YOUR CHILDREN

초등학교 6학년생이 아파트 옥상에서 45m 아래 화단에 뛰어내려 자살하였다. 숨진 최군은 학급에서 1~2등을 하는 우등생이었다. 최군은 "저는 이제 공부하라는 소리가 진절머리가 나요. 학교에서도 돌아버렸어요. 저는 공부가 싫어요."라는 내용의 유서를 남겼다.

이 사건은 숨진 어린이와 그 부모만의 문제가 아니다. 이 사회 곳곳에 잠복해 있는 병리 현상이 그대로 나타난 것뿐이다. 우리의 아이들은 인성 형성을 위해서 공부하는 것이 아니라 성적을 획득하기 위한 기계로 훈련되어 왔던 것이다. 성적 때문에 스스로 목숨을 끊는 초 · 중 · 고생들이 해가 갈수록 늘어 가고 있어 그 심각성을 더해 주고 있다. 자녀가 학교 성적에만 치우치지 않고 특정 분야에 대한 지식과 폭넓은 교양을 함께 갖추려면 부모는 무엇을 어떻게 해야 할까?

루소(Jean-Jacques Rousseau)는 그의 『참회록』에서 다음과 같이 술회하고 있다. "내가 병약하게 태어났기 때문에 어머니는 죽었다. 어머니는 소설

+GOD

'생각하는 생활'은 하루아침에 이루어지지 않는다. 어려서부터 계속 책을 읽는 연습을 해야만 이루어지는 것이다. 책읽기는 자녀에게 진지하고 창의적인 생각을 안겨 줄 수 있는 출구이다.

몇 권을 남겨 놓았다. 아버지와 나는 저녁 식사 후 그것을 읽었다. 처음에는 독서력을 기르기 위해서 재미있는 책을 읽었지만 차츰 흥미가 더해져서 아버지와 함께 책을 돌려가며 매일 밤을 새웠다. 이로 인하여 나의 이해력은 월등해졌다. 그리고 르 슈외르의 『교회와 제국의 역사』, 보슈에의 『세계사론』, 플루타르크(Plutarch)의 『영웅전』, 라 브류엘 포토빌의 『세계와 사자(死者)와의 대화』 등 외할아버지의 책을 빌려다가 열심히 읽었다."

루소의 유년 시절처럼 부모와 자녀가 독서를 통하여 대화를 나누는 것은 책읽기의 흥미를 높여 줄 뿐만 아니라 무엇이든 깊이 생각하기를 싫어하는 요즘 자녀들의 사고력과 상상력을 길러 주는 데 상당한 도움을 준다.

부모는 책을 읽어 준 후 얼마만큼 듣고 이해하였는지 자녀에게 확인해 보고 "네가 주인공이라면 어떻게 하겠니?", "네가 작가라면 후편을 어떻게 쓰겠니?" 하는 식의 대화를 나누는 것이 좋다. 부모가 자녀와 함께 책을 돌려가면서 읽는 것도 이해력의 증진을 위해 매우 효과적인 방법이다.

PLUS+GOD 자녀의 삶에 하나님을 더하라

'생각하는 생활'은 하루아침에 이루어지지 않는다. 어려서부터 계속 책을 읽는 연습을 해야만 이루어지는 것이다. 책읽기는 자녀에게 진지하고 창의적인 생각을 안겨 줄 수 있는 출구이다. 이러한 생각들이 자녀의 내면 세계 속에서 조화를 이룰 때 자녀의 학습 활동은 큰 성과를 얻는다. 책읽기는 모든 생각의 씨앗이자 모든 학습의 토대이다.

'생각하는 생활'은 하루아침에 이루어지지 않는다. 어려서부터 계속 책을 읽는 연습을 해야만 이루어지는 것이다. 책읽기는 자녀에게 진지하고 창의적인 생각을 안겨 줄 수 있는 출구이다. 이러한 생각들이 자녀의 내면 세계 속에서 조화를 이룰 때 자녀의 학습 활동은 큰 성과를 얻는다. 책읽기는 모든 생각의 씨앗이자 모든 학습의 토대이다.

좋은 책을 골라 주어라

공휴일에 유원지나 백화점 그리고 음식점에만 갈 것이 아니라 서점이나 도서관에 가서 수많은 책들 가운데 자녀가 어떤 책에 흥미가 있는지 또 어떤 책을 고르는지를 지켜보자. 흥미 있는 한 권의 책을 고르고 사는 데서 독서의 의욕과 즐거움은 시작된다.

"소설책을 읽지 말고 공부하라."는 부모들의 잘못된 지도는 자녀들의 독서관에 결정적으로 해로운 영향을 주게 된다. 이런 부모들의 독서 지도는 자녀의 인격적 성장에 전혀 도움이 되지 못한다.

요즘 어린이와 청소년들이 가장 흥미 있게 읽는 책은 공상과학 소설과 위인전 등이라고 한다. 이 책들은 만화 형식으로 되어 있는 까닭에 부담 없이 읽히는 것 같다. 흔히 사람들은 독서를 권할 때 "좋은 책을 골라 체계적으로 읽어라"고 하지만 나는 "관심 있는 책부터 골라 읽어라."고 말하고 싶다.

대체로 청소년 시기의 자녀에게 권하는 책은 청소년들의 관심사에 맞추어 선택해 주는 것이 좋다. 즉 과학에 관심이 크면 과학과 연관된 문학 작품 등을 선택하여 흥미의 범위를 넓혀 주는 것이 좋다.

중고생의 독서 경향을 살펴보면, 여학생들은 번역된 외국 소설과 시를 압도적으로 많이 읽고, 그 다음으로 한국 소설과 수필을 선호한다. 남학생들은 독자마다 약간의 차이가 있긴 하지만, 한국 문학, 철학, 역사, 사회 과학에 흥미를 갖고 있는 것 같다.

이들의 독서 수준은 지식과 교양에 대한 욕구 없이 취미 생활로 읽는 정도가 대부분이다. 그럼에도 불구하고 관심 있는 분야에 대한 폭넓은 지식을 넓히는 데 많은 도움을 받을 것이다.

자녀에게 책을 선물하는 것도 독서에 대한 흥미를 북돋우는 데 도움이 된다. 생일 선물, 성탄절 선물, 입학·졸업 선물 등으로 자녀가 원하는 책을 직접 고르게 할 때, 주는 자와 받는 자 모두 책에 대한 애착을 갖게 될 것이다.

IVP의 어느 편집장은 좋은 책을 고르기 위해 꼭 필요한 행동을 제시해 주고 있다.

"좋은 책을 고르는 방법 가운데 가장 쉬우면서도 탁월한 것은 역시 서점에 자주 가 보는 것이다. 서점에 들러서 이 책 저 책 뒤져 보는 동안에 책을 고르는 안목이 자연스럽게 생겨나기 때문이다. 최소한 한 달에 한 번 정도는 서점에 들르는 생활을 연습할 필요가 있다. 우선 신간 코너에 가서 지난 한 달 사이에 어떤 책들이 새로 나왔는지를 훑어보는 일부터 시작하자. 한 시간 안팎 정도면 맘에 드는 책들을 고를 수 있고, 이렇게 책방 나들이를 거듭하는 동안 기독교 출판의 흐름과 문제점에 대해서도 어렴풋이 느낄 수 있을 것이다."

오늘날 학생들의 독서 경향을 살펴보면 전반적으로 안이하다는 점이 드러난다. 독후감을 쓰라고 하면 대부분의 학생들이 아주 간단하게 글을 써 내고, 또 자신의 느낌과 생각을 표현하는 것이 아니라 줄거리를 요약하는 정도에 그친다. 이런 자녀들에게 진지한 독서 태도를 길러 주려면 우선적으로 양서를 권해야 한다. 양서에 대한 이해를 돕기 위해 모범적인 서평을 제시해 주는 것도 잊지 말아야 한다. 그러나 자녀에게 양서를 권하려면 무엇보다도 먼저 부모가 양서를 선택할 수 있는 능력을 갖추어야 한다.

민족의 정서를 재생해 주고 평화를 애호하는 마음을 키워 주는 책, 주변의 사람들과 더불어 사는 삶을 지향하고, 자연과 생명을 사랑하는 가치를 담고 있는 책, 불의에 대한 불감증을 치유하고 정의에 대한 민감성을 일깨우는 책, 성실한 땀방울의 감동을 느끼게 해 주는 책, 우리 민족의 나아갈 좌표를 제시해 주는 책, 나라와 이념을 초월해서 모든 사람을 도와주는 책. 이런 책들을 선별하여 자녀에게 권할 수 있는 안목이 부모에게 있어야 한다.

어떤 책을 읽어야 할지를 결정하는 것은 쉬운 일이 아니다. 책을 가까이 하고 사색에 익숙해진 부모만이 자녀에게 양서를 안겨 줄 수 있다. 자녀의 정서적, 영적 건강을 고려해 본다면 책 선정은 좀 더 신중해야 한다.

글의 힘으로 자녀의 삶을 바꾸어라

● PLUS GOD TO YOUR CHILDREN

독서와 사색도 중요하지만, 내면의 생각을 글로 옮겨 보는 것도 매우 보람 있는 일이다. 한 편의 글을 써 놓고, 표현 속에 담겨 있는 뜻을 음미하면서 인생의 의미를 스스로 질문해 보는 것은 얼마나 멋들어진 일인가? 내면 깊은 곳에 간직된 하나님의 모습을 응시하면서 영원한 생명을 생각하는 것, 그것은 마치 구도자의 기도하는 모습과도 같다.

마음의 비밀, 신비로운 경험, 슬픈 일과 기쁜 일, 이룰 수 있는 꿈과 상상, 이 모든 것을 간결하고 세련된 문장으로 표현해 보자. 아름다운 글 자체가 글쓴이의 인생을 긍정하거나 깨우쳐 주는 다정한 친구가 되어 줄 것이다.

자녀로 하여금 생활 중에 떠오르는 생각들을 일기장에 담아 두도록 권유해 보자. 자녀로 하여금 아름다운 생각을 한 장의 편지 속에 담아 가까운 친구에게 띄우도록 권면해 보자. 마음속에서 예수 그리스도를 향한 신앙이 어떻게 자라나는가를 자녀와 함께 이야기하고, 자녀의 기도를 글로 표현하도록 이끌어 보자. 글을 씀으로 자녀의 신앙은 더욱 진지해지고, 하나님의 임재를 더욱 구체적으로 느끼게 될 것이다.

자녀들이 글쓰기에 익숙해지면 혼자 있어도 외롭지 않은 시간을 경험하게 된다. 글의 세계 속으로 들어가면 자기의 모습을 발견할 수 있다. 글의 꽃밭에 앉아 사색에 잠기면 자기의 소명과 역할을 깨닫게 된다. 하나님의 사랑을 기억하면서 글을 쓰면 인간의 세상을 바라보는 자기만의 시각을 갖게 된다.

어린 시절부터 독서하는 시간, 생각하는 시간을 글쓰기로 승화시킨다면 우리의 자녀 앞에 지성과 정서와 인격과 신앙이 조화를 이룬 전인(全人)의 길이 펼쳐질 것이다.

요즘 학원 및 언론사·백화점의 문화센터 등이 개설한 글쓰기 강좌들은 새로 바뀐 교육 제도에 좀 더 효과적으로 적응해 보려는 어린이와 학부모들로 대성황이다. 이 같은 현상은 대학 입시에 논술 고사가 반영됨으로써 글쓰기 교육에 대한 관심이 그 어느 때보다 높아진 데에 가장 큰 원인이 있다.

더구나 서울 시내 초등학교에서는 1~2학년 학생의 필기 고사를 폐지하고 3~6학년 학생들도 한 학기에 단 한 번 치르는 일제 고사에서 서술·논술형 위주의 주관식 문제 배점 비율을 50퍼센트 이상으로 높이는 등, 기존의 평가 방식이 크게 바뀌었다. 학교 교사들은 "창의력과 종합적 사고력을 키울 수 있다는 점에서 크게 환영한다."고 말하면서도 "구체적으로 어린이들을 어떻게 지도해야 좋을지 아직 가닥이 잡히지 않는다."며 걱정하는 분위기다.

지금까지도 지방 문화제 행사의 하나로 어린이 글짓기 대회(백일장)만은 예외 없이 시행되고 있다. 매우 다행스런 일이다. 그러나 글짓기 대회에 참가하는 인원수를 보면 알 수 있듯이 글짓기에 대한 사회 전반의 인식과 관심은 극히 저조한 편이다. 그 이유는 '공부 잘하는 아이가 글을 잘 짓는다.'는 잘못된 통념 때문이다. 글짓기 분야가 다른 예술 분야에 비해 덜 화려해 보이는 것도 글짓기가 대중의 주목을 받지 못하는 또 하나의 이유이다. 미술처럼 전시 효과가 있는 것도 아니고, 음악이나 연극처럼 관객으로부터 박수 갈채도 받지 못하기 때문이다.

흔히 글짓기 교육은 '전인 교육', '전 교과의 결산'이라고 한다. 단순히 국어 교육의 부속물로 그치는 것이 아니라 어린이의 정서와 인격을 키우기 위한 필수적 과정으로 폭을 넓히고, 음악과 미술처럼 예술 교육의 하나로서 장려되어야 한다는 주장이 상당한 설득력을 얻고 있다. 그럼에도 불구하고 사회 전반의 인식 부족으로 의례적인 행사에 그치고 있으니 실로 안타까울 뿐이다.

어린이 문제와 관련하여 그 누구보다도 가장 직접적인 영향을 미치는 사람은 곧 어머니이다. 그러므로 어머니들이 이제부터라도 어린이의 글짓기에 무관심하지 말고 보다 적극적인 열의를 가져야만 자녀를 '전인'으로 이끄는 교육의 효과를 기대할 수 있을 것이다.

시(詩)를 선물처럼 안겨 주어라

PLUS+GOD 자녀의 삶에 하나님을 더하라

자녀들의 여가 시간에 시를 읽고 암송하도록 권유해 보자. 메마르지 않은 정서를 자녀의 가슴에 흐르게 하자. 자녀의 손을 잡고 소나무 밑에서 벌레 소리를 들으며 시를 낭송해 보자. 풀 한 포기 아끼는 마음이 시심이다. 시를 외우고 낭송함으로써 물질보다 정신의 풍요가 중요하다는 것을 자녀에게 일깨워 주자.

자녀들의 여가 시간에 시를 읽고 암송하도록 권유해 보자. 메마르지 않은 정서를 자녀의 가슴에 흐르게 하자. 자녀의 손을 잡고 소나무 밑에서 벌레 소리를 들으며 시를 낭송해 보자. 풀 한 포기 아끼는 마음이 시심(詩心)이다. 시를 외우고 낭송함으로써 물질보다 정신의 풍요가 중요하다는 것을 자녀에게 일깨워 주자.

시가 있는 곳에 노래와 낭만이 있고, 자유와 사색이 있음을 자녀에게 가르쳐 주자. 우리의 자녀가 생각보다 말이 앞서고 생각 없이 행동하는 메마른 인간으로 자라지 않도록 어려서부터 시를 알게 하자. 시를 사랑할 때 우리의 자녀는 진지한 사고를 바탕으로 정결한 언어와 선한 행동을 갖게 될 것이다.

프랑스에서는 유치원 시절부터 시를 가르친다고 한다. 간결하고 리듬이 있어서 외우기 쉬운 시를 읽힌다. 프랑스인들이 아이들에게 시를 가르치는 이유는 무엇일까? 그것은 어릴 때부터 자기네 모국어의 아름다움을 깨닫게 하는 데 있고, 또 한 가지는 시를 통해서 삶을 배우게 하는 데 있다.

유대인의 아이들은 어릴 때부터 시편, 전도서, 아가 등 성경 중에서 가장 문학적이고 시적인 글을 배운다. 특히 이들은 시편에서 크나큰 감동을 받는다고 한다. 어릴 때부터 아름다운 시구(詩句)를 만남으로써 아이들은 인생의 선(善)을 깨닫고 실천하는 인간으로 자라게 된다. 물질보다는 정신이 귀중하다는 사실을 시와 철학을 통해서 자연스럽게 배우게 되는 것이다.

시를 읽는 마음은 모든 생명을 사랑하는 마음이라는 것을 우리의 자녀에게 가르쳐 주자. 바쁜 시간 속에서도 잠시 길을 멈추고 시 한 구절을 생각하는 자녀들이 많아졌으면 좋겠다.

'시'는 한 번 읽고 마는 대상이 아니고, 두고두고 읽어서 외어야 할 대상이다. 외어서 그 뜻을 음미하고 때때로 흥이 나면 낭송하여 즐기는 것이 시의 매력이라고 생각된다.

필자의 청소년 시절엔 시를 외우고 낭송하는 젊은이들이 많았었다. 자기의 애송시가 이런 것이라고 소개하기도 하고, 여럿이 모인 자리에서도 부끄럼 없이 시를 당당하게 외우곤 했다. 지금 생각하면 참 아름다움이 있었고, 철학이 있었고, 사상이 있었던 시절이라 생각된다. 비록 물질적으로는 가난했지만 정신적으로, 정서적으로는 오히려 지금보다도 더 윤택했었다.

지금 우리는 부족한 것 없이 풍족한 생활을 누리고 있다. 물질이 넘쳐나는 시대에 살고 있다. 그러나 정신과 정서는 오히려 더 메말라 있다. 젊은이들은 물질적 풍요로움 속에서 인생이 윤택해진다고 확신한다. 돈으로 무엇이든 다 해결된다고 생각하면서 살아간다. 친구를 때려서 다치게 해 놓고 미안하다는 말을 하기는커녕 돈으로 보상하면 될 것 아니냐고 한다. 심지어는 부유한 가정에서 살았음에도 불구하고 유산 배분 때문에 친부모를 죽이고 이를 위장하기 위해서 불을 지르는 패륜아도 있다.

이러한 극단적 사건들을 볼 때 물질의 풍요만으로 우리의 자녀들을 바르게 성장시킬 수 없다는 것을 깨닫게 된다. 이 삭막한 세상에 인간은 간 데 없고 물질만능주의만이 넘쳐흐르다 못해 썩고 있다. 이 모든 것은 생명에 대한 존중과 경외심이 없기 때문에 일어나는 현상이다. 그러나 시를 사랑하는 사람은 비록 외면적으로는 보잘 것 없어 보일지라도 생명체를 향한 따뜻한 눈길과 손길을 갖고 있는 사람이다. 자녀들에게 시를 낭송케 하자.

필자는 중 고등학교 시절, 바이런과 하이네, 김소월의 시집을 손에 들고 다니면서 읽은 기억이 아직도 생생하다. 시는 자신도 모르게 필자의 삶에 커다란 영향을 끼쳤다. 세상을 보는 아름다운 눈, 공부하다가도 하늘을 바라볼 수 있는 여유, 눈을 감고 감동적인 시구(詩句)를 떠올리며 엷은 미소 속에 기분을 전환할 수 있는 지혜가 바로 그것이다. 이 지혜를 자녀에게 안겨 주자.

살아 있는 학습을 체험케 하라

PLUS GOD TO YOUR CHILDREN

방학이야말로 틀에 박힌 학교생활에서 벗어나 교실에서 이룰 수 없는 폭넓은 경험을 쌓을 수 있는 좋은 기회이다.

요즘 관광회사마다 방학을 이용하여 '학습 관광'이란 이색 프로그램을 개발하여 학부모나 학생들의 관심을 모으고 있다. '생태 학습' '박물관 학습' '역사 학습' 등 '학습 관광'의 형태들이 늘어나고 있다. 이 '학습 관광'은 마음껏 뛰어놀면서 대자연의 동·식물을 관찰하거나 문화 유적을 견학하고 자유로운 분위기에서 친구를 사귀며 협동심을 훈련하는 교육 과정이다. '학습 관광'은 당일 관광과 숙박 관광으로 구분되어 있다. 처음에는 개인별로 신청을 받아 30~40명이 한 팀이 되는 것이 상례였으나 최근에는 아파트 단지나 학교별로 신청하는 경향이 두드러지고 있다.

교과서에서 읽은 지식보다 직접 현장 학습을 통해 얻은 지식은 아이들의 기억 속에 오래도록 자리 잡는다. 관광을 통한 학습은 아이들의 흥미를 유발할 뿐 아니라 상상력과 사고력을 자극하고, 협동심과 우정을 키워주기도 한다. 지적 발달과 정서 함양이라는 교육의 이중적 효과를 기대할 수 있는 것이다. 그러나 단순한 관광처럼 보고 즐기는 방향으로 아이들을 이끈다면 이 같은 효과를 기대하기란 힘들 것이다. 하루 동안에 보고 느낀 것을 서로 토의하고 결론을 내려보는 마무리 작업이 마련된다면 보다 성과 있는 '학습 관광'이 될 것이다.

이처럼 보람 있는 일은 계획 속에서 이루어진다. 스스로 계획을 짜도록 하자. 방학을 자신만의 시간으로 선용하기 위해서는 계획을 세워야 한다. 계획을 세운다는 것은 시간을 절약할 뿐만 아니라 목표를 뚜렷이 한다는 것이다. 처음부터 거창한 일보다는 자신의 능력에 맞게 작은 일부터 계획을 세워야 한다. 작은 일을 지속적으로 실천해 나가다 보면 더 크고 어려운 일도 해낼 수 있는 자신감이 생긴다.

초등학교 학생들에게 "방학 동안 어떻게 지냈느냐?"고 물으면 "그냥 하는 일 없이 그럭저럭 지냈다."고 말하는 아이들이 많다. 이것은 계획을 세우지 않고 지냈다는 뜻이다. 방학은 모든 학생들에게 똑같이 주어진다. 이 방학을 어떻게 계획하느냐에 따라 성장에 도움이 될 수도 있고 그렇지 않을 수도 있다. 평소에 못 했던 취미 활동을 계획하여 실천한다든지, 독서 계획을 세워 마음의 양식을 채운다든지, 부모님과 상의하여 여행 계획이나 봉사 활동 계획을 세워 실천한다면 이보다 더 좋은 방학은 없을 것이다.

방학 중 독서 계획을 세워라

● PLUS GOD TO YOUR CHILDREN

　계획이라는 것은 어떤 일을 끝마치고 그 일에 대한 평가의 기준이 되기도 한다. 그래서 그것이 기준치 이상일 때에 우리는 커다란 만족감을 얻게 되고, 그렇지 않을 때에는 반성하며 보다 나은 생활을 위해서 노력하게 된다. 이처럼 계획을 세우는 것은 생활의 리듬을 형성하여 보다 나은 삶으로 우리를 인도한다. 우리의 자녀들이 방학 중의 계획을 세우기 위해 알아두어야 할 몇 가지 사항을 제시하고자 한다.

　첫째, 자신이 실천할 수 있는 범위 내에서 계획을 세우자. 3일도 못 가서 원점으로 돌아가는 계획은 도대체 무엇이 잘못된 것일까? 사람의 노력 부족보다는 실현 가능성이 없는 일을 무리하게 계획한 데 잘못이 있다. 이로써 얻는 것이라고는 패배감과 좌절뿐이다. 그러므로 자신의 수준에 맞는 계획을 세울 때 비로소 하루하루의 성취감과 만족을 느끼게 될 것이다.

　둘째, 계획은 월간 계획, 주간 계획, 일일 계획별로 구체적으로 작성하자. 우선 월간 계획표에 그 달의 중요한 행사를 미리 표시해 둔다.

예를 들어 학교 소집일, 가족 휴가, 친구와의 약속 등을 표시한다. 그 다음엔 특별 학습과 취미 생활 등 요일이 정해져 있는 시간을 일주일 별로 계획한다. 하루 동안 비어 있는 시간을 체크한 후, 독서와 운동 그리고 보충 학습 등을 계획한다. 일일 계획을 세울 때는 날마다 같은 일을 계획해서 무리하게 실천할 필요가 없다. 예를 들어 토요일이나 주일의 경우, 공부하는 시간보다는 독서, 피크닉, 가족과의 대화, 그리 고 교회 행사 및 주일 예배 등에 많은 비중을 두어서 계획하는 것이 보 다 효율적이다.

셋째, 공부할 분량과 도서를 구체적으로 계획하자. 흔히 계획표에 따라 실천하려는 학생들을 보면 그저 공부할 시간에 책상에 앉아 있는 것만으로 계획을 실천하였다고 자부하는 경우가 허다하다. 그러나 무 엇을 어떻게 공부할 것인가? 어떤 책을 읽을 것인가? 여행은 어디로 누구와 함께 갈 것인가? 등 구체적인 계획이 필요하다. 예를 들어 방 학 기간 중에 집중적으로 공부하고 싶은 과목과 교재를 결정하고 공부 할 분량(어느 단원에서 어느 단원까지), 과목별 비중 배분(국어는 2, 영어와 수학은 4의 비중으로 공부한다) 등 구체적인 계획이 필요하다. 계획표에 작성할 시간 배분은 자신이 생각 하는 분량의 80퍼센트가 적당할 것이다.

우리의 자녀들이 방학 계획표를 작성할 때, 부모는 자녀의 계획표에 여가 시간을 남겨놓도록 지도할 필요가 있다. 항목이 정해져 있지 않 은 공란을 어느 정도는 남겨 놓아야 한다. 만약 계획표대로 실천하지 못한 경우, 비어 있는 여가 시간은 미진한 부분을 보충할 수 있는 자산 이 될 것이다. 다행히도 계획표대로 모든 것을 무리 없이 실천하였을 경우, 비어 있는 여가 시간은 더욱 창조적인 일을 할 수 있는 기반이 된다. 이 시간이 놀이와 휴식으로 채워진다 해도 그것은 자녀의 정신 적, 육체적 에너지를 재충전할 수 있는 활력소가 될 것이다.

4장 사랑으로 자녀의 인생을 축복하라

* 평화로운 가정을 만들어라
* 자녀의 장점을 인정하라
* 사랑을 교육의 초석으로 삼아라
* 자녀의 성격을 헤아려라
* 꿈의 씨앗을 심어 주어라
* 활력을 얻는 방학이 되게 하라
* 다채로운 경험을 통해 정서를 길러라
* '나'를 알아가는 일기를 쓰게 하라
* 편지로 감동을 주고받아라
* 자녀의 EQ를 높여라

평화로운 가정을 만들어라

PLUS GOD TO YOUR CHILDREN

가정이란 부부를 중심으로 부모와 자녀가 함께 모여 사는 공동체 중에서 가장 기본 단위이며, T. S. 엘리어트의 말처럼 '모든 산업의 궁극적 목적'이다.

인격적 기반 위에 기초한 가정은 어떠한 정치적, 경제적, 사회적 변화에도 위축되지 않고 보존될 수 있으며 인간을 인간답게 살 수 있도록 해 준다. 그러한 가정은 아무리 삶이 고달프고 권태롭고 피곤하더라도 위로와 용기, 휴식과 안정을 가져다주며 새로운 힘의 원천이 된다.

가정에는 사랑이 깃들어 있어야 한다. 사랑은 마음속 깊은 곳에서 샘솟듯 솟아나는 것으로서 값없이 주고 싶은 것이다. 이 사랑의 힘으로 결혼 생활은 성공할 수 있으며 자녀를 올바로 양육할 수 있게 된다. 영국의 낭만주의 시인 코울리지(S. Coledge)는 "가정을 사랑하는 자만이 나라를 사랑한다."고 하지 않았는가?

가정에서 얻어지는 마음의 평화는 인간을 가장 행복하게 해 준다.

+GOD
모든 산업의 궁극적 목적'이다. - T. S. 엘리어트이 마음의 평화로서 가족들은 정신적으로 안정을 얻어 제각기 맡은 일에 더욱 충실할 수 있고 큰 포부를 성취할 수 있게 된다. 가족은 각기 다른 개성을 가지고 있으나, 가족 상호간에 이해와 협조로 조화를 이룸으로써 평화로운 가정을 만들어야 한다. 성경 디모데전서 5장 8절의 "누구든지 자기 친족 특히 자기 가족을 돌아보지 아니하면 믿음을 배반한 자요 불신자보다 더 악한 자니라"라는 말씀을 깊이 상고해야 할 것이다.

평화로운 가정에는 행복이 저절로 찾아오기 마련이다. 독일의 대문호 괴테는 "임금이든 백성이든 자기 가정에서 평화를 찾는 자가 가장 행복한 인간이다."라고 했다. 가정에서 참으로 필요한 것은 많은 재산, 높은 지위, 좋은 학벌, 호화 주택이 아니라 기쁨과 즐거운 노래와 춤, 사랑과 평화이다.

"내가 믿는 것은 가정의 단란함"이라고 말했던 여류 작가 잉에 숄(Inge Scholl)의 고백처럼 우리는 가정의 단란함에 소중한 가치를 부여해야 한다. 우리 모두 화목한 가정을 꾸미도록 노력해 보자. 온 가족이 한 지붕 밑에서 웃으며 노래하는 아름다운 풍경을 꾸며 보자.

+GOD
가정을 사랑하는 자만이 나라를 사랑한다." – 코울리지

자녀의 장점을 인정하라

PLUS GOD TO YOUR CHILDREN

사람은 태어나서 죽을 때까지 늘 배우면서 살아야 한다. 사람에게는 나름대로의 좋은 점과 나쁜 점이 있게 마련이다. 그것은 우리의 자녀에게도 마찬가지이다. 자녀의 바람직한 성장을 원한다면 먼저 자녀의 장점과 단점을 살피고 그것을 인정해 주는 태도가 필요하다. 자녀의 장점을 살릴 수 있도록 도와주고 단점을 스스로 개선할 수 있는 분위기를 만들어 줄 때 비로소 인격은 성숙의 단계에 이를 수 있다.

사람이 살아가는 방법에는 여러 가지가 있다. 어떤 사람은 자기의 장점보다 단점에 너무 실망한 탓에 언제나 우울해하고 불평과 불만을 일삼는다. 또 어떤 사람은 단점보다는 장점을 소중히 여겨 그것에 자긍심을 느끼며 활기차게 살아가고 있다. 자녀의 장점을 과대평가하는 일도, 자녀의 단점을 심각하게 문제 삼는 일도 없어야 한다. 장점을 과대평가할 때 자녀는 교만해지기 쉽고, 자녀의 단점을 보고 부모가 먼저 낙망하는 모습을 보여 줄 때 자녀는 자신감을 잃고 방황하기 쉽다.

자녀로 하여금 단점을 통해 겸손을 배울 수 있도록 가르치고, 장점을 통해 자신감을 불어넣어 주는 것이 부모에게 필요한 태도이다. 긍정적 사고 방식으로 자녀의 장점과 단점에 의미를 부여할 때 비로소 자녀의 삶은 밝은 미래를 맞이하게 될 것이다. 우리의 자녀가 정신적으로 풍요롭고 육체적으로도 건강한 삶을 살아갈 수 있도록 우리는 자녀의 장점과 단점을 주의 깊게 살피고 그것을 통해 자녀교육의 방향을 설정해야 한다.

자녀의 성격, 습관, 신체, 용모, 특기, 취미, 소질 등을 깊이 생각해 보자. 이 중에서 자신의 자녀만이 갖고 있는 장점을 찾아보자. 장점을 찾은 후엔 그 장점의 내용을 구체적으로 노트에 서술해 보자. 스스로 인정하는 자녀의 장점 20가지를 적은 후에, 주변의 친척, 이웃, 학교 선생님이 인정하는 자녀의 장점도 적어 보도록 하자. 그리하여 내가 자녀를 바라보는 시각과 다른 사람이 자녀를 바라보는 시각은 어떻게 다른지를 비교해 보자.

내가 생각하는 자녀의 장점과 다른 사람이 생각하는 내 자녀의 장점을 견주어 공통된 것을 찾아보자. 그 공통된 견해를 통해서 자녀의 장점이 얼마나 가치 있는가를 확인해 보자. 또한 '나' 스스로 자녀의 장점이라고 생각한 것이 다른 사람에게는 단점으로 비추어지는 것은 없는지 생각해 보자. 만일 내가 생각하는 자녀의 단점이 다른 사람들에게도 똑같이 인식된다면, 자녀로 하여금 이것을 스스로 극복할 수 있는 방법을 찾게 해 주자. 또한 다른 사람의 시각을 통해 새롭게 발견된 자녀의 장점은 없는지 확인해 보자. 주변 사람에게 긍정적 인상을 준 자녀의 장점이 있다면 이를 더욱 발전시킬 방안을 찾아보자.

자녀의 장점을 인정하고 격려해 줄 때 자녀는 자신의 아름다운 모습을 발견하여 행복한 삶을 가꾸어 나가게 될 것이다.

사랑을 교육의 초석으로 삼아라

부모의 생명은 자녀를 통해서 유전된다. 자녀는 희망의 싹이며 내일의 주역이다. 그러기에 모두들 자녀를 갖고 싶어하고 자녀를 사랑스러워 한다. 자녀의 출생은 인간에게 있어서 가장 큰 환희라고 할 수 있다. 이처럼 자녀는 한 가정에 있어서 뿐만 아니라 사회적으로도 중요한 존재가 아닐 수 없다. 자녀는 부모에게서 태어나며 부모의 보살핌을 받아 성장한다. 부모의 태도, 부모의 지도는 자녀의 성격과 인격 형성에 지대한 영향을 미친다.

부모는 자녀로 하여금 사랑과 선(善)을 알게 하고 사회를 위해 무엇을 할 것인가를 알 수 있도록 지도해야 한다. 자녀는 결코 부모의 소유물이 아니다. 자녀는 독립된 개체이며 개성을 지닌 존재이다. 그러기에 자녀의 성격을 잘 파악하고 능력과 재능을 살펴 자녀에게 알맞은 인생 행로를 걸을 수 있도록 지도해야 할 것이다.

가르치려는 열정만으로 양질의 교육이 이루어지는 것은 아니다. 가르치는 부모의 내면 세계 속에서 인격과 교양, 지성, 신앙이 조화를 이룰 때 자녀는 양질의 교육을 받게 된다. H. 스펜서^(Herbert Spencer)는 "교육은 인격의 형성을 목적으로 한다."고 하였다. 부모의 언행 하나하나에서 자녀는 인격을 배우고 따르게 된다.

인격을 교육시키기 위한 가장 좋은 방법은 부모의 사랑을 자연스럽게 자녀들에게 보여 주는 것이다. "효도하라"는 말 대신에 효도를 눈으로 직접 볼 수 있게 하자. 말을 통해서 교육할 경우에는 강요 내지 강압적 지도보다는 권유 또는 조언을 통해 가르침을 주어야 한다.

자녀는 부모의 교육이 어떠한가에 따라서 성장의 질(質)을 달리한다. 성경에서도 "초달을 차마 못 하는 자는 그 자식을 미워함이라 자식을 사랑하는 자는 근실히 징계하느니라"^(잠 13:24)고 하였다. 자녀교육보다 더 중요한 일은 있을 수 없다. 사업이 번창하여 재산을 모으더라도 자녀교육이 잘못되면 무슨 유익이 있으며 명예를 얻는다 해도 자녀가 잘못되면 무슨 소용이 있겠는가? 자녀를 사랑으로 감싸주고 자녀와 함께 많은 시간을 보내며 부모의 인격적 감화를 통해 참된 인간으로 성장할 수 있도록 보살펴 주어야 할 것이다.

어린아이에게 무엇보다도 필요한 것은 자신이 사랑 받고 있다는 사실을 아는 것이다. 가난하지만 사랑이 있는 가정이 부요하지만 사랑 없는 가정보다 훨씬 행복하고 우월한 가정이다.

올바른 자녀교육은 어떤 특수한 방법이나 수단에 의해서 이루어지는 것이 아니다. 자녀교육의 성과는 자녀에게 사랑을 심어 주는 부모와 사람들에 의해서 이루어진다.

사랑은 교육의 초석이다. 사랑이 없는 잔소리, 경고, 훈계, 책망은 오히려 자녀의 반감을 사게 된다. 자녀들에게 하나님과의 관계 속에서 자기가 누구인가를 깨달을 수 있도록 하고, 자녀로 하여금 "하나님은 확실히 나를 사랑하시고 내 생애가 온전히 그의 손안에 있다."는 것을 고백하도록 도와주어야 한다.

드레쉬어(J. Drescher) 박사는 그의 저서 『자녀들에게 필요한 7대 요소』에서 "부모들이 물질로 자녀들을 뒷받침한다고 해서 자녀들의 안전이 보장되는 것이 아니라, 언제나 사랑의 품으로 감싸줄 때에 자녀들을 안전하게 보호해 줄 수 있다."고 주장하였다.

우리가 "우리의 자녀들을 얼마나 사랑하는가?" 하는 문제는 그들의 요구대로 돈을 얼마나 잘 제공하고 원하는 것을 다 사 주느냐에 있는 것이 아니다. 비록 주머니는 비었다 하더라도 그들을 사랑의 가슴으로 꼭 껴안고 하나님의 도우심을 통해 부모의 손길이 얼마나 소중한가를 알게 하는 것이 자녀를 사랑하는 첩경이다.

우리 크리스천 부모들은 자녀를 사랑하는 진정한 방법을 연구해야 한다. 좋은 부모가 되기를 원하는 것은 세상이 변하고 역사가 바뀌어도 결코 변할 수 없는 보편적 소망이다. 그것은 인륜이요, 천륜이기 때문이다.

자녀의 성격을 헤아려라

PLUS GOD TO YOUR CHILDREN

웰즈(Wells) 박사는 개인의 성격과 기질은 하나님께서 인간에게 주신 고유한 선물이기 때문에 변화시키기보다는 그 성격을 이해하고 용납해야 한다고 말했다. 특히 배우자나 자녀의 성격, 기질을 알면 갈등을 해소하는데 도움이 된다고 한다. 웰즈 박사가 말하는 세 가지 성격의 특징과 자녀교육의 방법을 알아보자.

첫째, '사고파(思考派)' 에 속하는 자녀들은 질서를 좋아한다. 1~3명 정도의 친한 친구를 갖고 있다. 혼자 있기를 좋아하며 매사에 완벽주의자로서 생활한다. 스트레스를 받을 때는 마음이 위축되고, 타인에 대해 지나칠 정도로 비판적이 된다. 자신과 다른 성격의 사람을 이해하기 어려우며, 다른 사람의 잘못에 대해서도 너그럽지 못하다. 사고파에 속한 자녀들은 폐쇄적인 삶을 살기 쉬우므로, 부모는 자녀가 침체에 빠지지 않도록 기도해야 한다.

둘째, '행동파' 에 속하는 자녀들은 의지가 강하다. 문제 발생이 예상돼도 도전하기를 좋아한다. 창조적이다. 스트레스를 받으면 누군가의 도움을 찾기도 한다. '행동파'에 속하는 자녀는 다른 사람들의 요구와 느낌에 민감하기 때문에 단체와 조직을 통솔하는 지도력을 갖고 있다. 부모는 자녀의 지도력과 창조력이 조화될 수 있도록 신앙적 출구를 마련해 주어야 한다. 그러나 '행동파'에 속하는 자녀들은 어느 누구에게도 굽히려 하지 않는 품성이 있기 때문에 이러한 태도를 완화시키려는 부모의 기도가 가장 절실하다.

셋째, '감정파'에 속하는 자녀들은 매사에 주관적인 판단을 한다.

다른 사람에게 폐를 끼친 것을 오래 기억하지 않는다. 감정의 폭발이 잦고 사람들의 요구에 민감하다. 압박감 아래서 매우 독단적인 생각 속에 빠질 때가 많다. 감정파의 자녀가 있다면 부모는 하나님이 그에게 지혜와 사려 깊은 분별력을 주시도록 간구해야 한다. 왜냐 하면 그런 아이는 일시적 기분과 군중 심리에 좌우될 수 있기 때문이다.

자녀들의 성격이 다른 만큼 책을 읽는 학습의 유형도 다양하게 나타난다. 교육가인 체리 풀러(Cherry Fuller)는 자신의 저서 『21일 학습여행』에서 자녀들의 성격에 따라 다양한 학습 유형들을 제시하고 있다.

첫째, 눈으로 보는 행위를 통해 많은 지식을 얻는 아이들이 있다. '시각형 학습'에 길들여진 아이들이다. 이런 아이들은 짧은 시간에 눈으로 본 문자(文字)와 지식들을 아주 조그마한 것들까지도 머리 속에 정확하게 저장한다. 정확하고 세밀한 학습을 할 수 있다.

둘째, 대화와 토론을 통해 부모나 교사의 말을 잘 이해하는 아이들이 있다. '이야기형 학습'에 익숙한 아이들이다. 이런 아이들은 말을 많이 할 뿐만 아니라 부모나 교사의 말에 주의 깊게 귀를 기울인다. 책을 소리 내어 읽기를 좋아하고 학습에서 이해가 되지 않을 때는 주저 없이 질문을 던지기 때문에 작은 세미나 또는 스터디 그룹에서 학습효과를 더욱 배가할 수 있다. 듣고 말하기를 계속 반복함으로써 이해력과 암기력을 증진할 수 있다.

셋째, 어떤 과목을 다루든지 본인이 직접 뛰어 들어 체험하지 않고서는 지식을 얻지 못하는 아이들이 있다. 이런 아이들은 '행동형 학습'에 길들여져 있다. 학습 프로그램을 진행할 때는 자신이 직접 프로그램을 실행하는 역할에 서야만 학습 효과를 얻을 수 있다. 이런 아이들일수록 일방적인 강의식 수업을 싫어한다. 듣기만 하고 받아 적기만 하는 수동적 수업에 대해 쉽게 거부감을 나타낸다. 이처럼 '행동형 학습'에 적합한 아이들과 학습할 때는 그들에게 참여의 기회를 다양하게 제공할 필요가 있다. 아이들과 가르치는 사람 사이에 말과 행위를 교환하면서 적극적으로 내면의 감정을 표현할 수 있는 수업 방식이 필요하다.

지금까지 웰즈 박사가 제시한 자녀의 성격 유형과 체리 풀러의 학습 유형을 살펴보았다. 여러분의 자녀는 어떤 성격을 갖고 있는가? 또 자녀의 성격을 고려한다면 어떤 학습 유형이 자녀에게 어울리겠는가? 자녀의 성격을 통해 기대할 수 있는 학습 효과를 어떻게 극대화시킬 것인가? 경우에 따라서는 세 가지 학습 유형들을 적절히 조화시키고 상호 보완하는 학습 방법을 마련하는 것도 지혜롭지 않겠는가? 부모와 자녀 사이의 갈등은 부모가 자녀의 성격을 잘 알지 못하거나 무관심한 데서 비롯된다. 지금이라도 우리 자녀의 성격과 학습 유형을 살펴보고, 현실 생활 속에서 나타나는 문제점들을 관찰하여 자녀에 대한 교육 방법들을 마련해 보자. 자녀를 위한 기도도 자녀의 성격을 잘 알고 있는 부모에게서 우러나온다는 사실을 기억하자.

꿈의 씨앗을 심어 주어라

부모들이여, 자녀들에게 아름답고 선하고 위대한 꿈을 심어 주자. 요즘의 청소년들은 큰 꿈이 없는 것 같다. 꿈이 있다 해도 한낱 자기 일신상의 영달과 안일과 행복을 위한 것일 뿐, 나라와 세계의 평화를 위해서 이바지할 위대한 꿈은 없는 것 같다.

꿈이 없는 개인이나 백성은 망한다고 했다. 꿈은 인간만이 가질 수 있는 특권이다. 꿈이 있어야 인간다운 인간이 되고 큰 꿈을 가져야 위대한 사람이 될 수 있다. 미래는 꿈이 있는 자의 몫이다.

꿈은 마치 집을 짓기 위해서 필요한 설계도와 같다. 집이 설계도대로 지어지는 것과 같이 인간도 꿈만큼 성장하는 것이다. 그러므로 큰일을 이루기 위해서는 반드시 그 일을 이룰 사람의 마음속에 큰 꿈이 심어져야 한다.

우리 자녀들의 꿈은 커야 한다. 하나님은 우리에게 한없는 사랑을 주시는 분이기 때문에 우리의 자녀가 귀하고도 큰 인물이 되기를 원하신다. 자녀의 꿈이 커야 하는 이유가 바로 여기에 있다.

위대하신 하나님은 마땅히 위대한 꿈을 원하신다. 꿈이 커야만 그만큼의 노력과 모험을 전개할 수 있다. 우리는 꿈만큼 노력하고 꿈만큼 위대해지는 것이다. 큰 꿈을 지니면 큰일을 하게 되고 작은 꿈을 지니면 작은 일을 하게 마련이다.

부모는 자녀에게 이 사실을 깨우쳐 주고 원대한 포부를 심어 주어야 한다. 자녀들이 비전을 갖고 대망을 품을 수 있도록 도와주어야 한다. 또한 부모는 "에디슨은 99번이나 실패했지만, 온 세계의 밤을 낮과 같이 밝게 해야겠다는 큰 꿈을 가졌기 때문에 끝까지 낙심하지 않고 노력했다."라는 등의 덕담을 자녀에게 지속적으로 말해 주어야 한다.

부모는 자녀들의 무한한 가능성을 인정해야 한다. 자녀들이 훗날 훌륭한 사람이 될 수 있다는 믿음을 잃지 않고 그들을 아낌없이 격려해 주어야 한다. 그리고 하나님의 그 아름답고 선하고 거룩한 본성과 일치할 수 있는 위대한 꿈을 심어 주어야 한다.

자녀에게 꿈을 심어 주는 시기는 어릴수록 좋다. 어린아이에겐 더 많은 준비를 할 수 있고, 더 많은 일을 할 수 있는 시간이 남아 있기 때문이다. 또한 어린이의 마음은 옥토와 같아서 무엇이든 심은 대로 잘 자랄 수 있기 때문이다.

영국의 템즈 강변을 산보하는 어떤 어머니와 아들이 있었다. 어린 아들이 "엄마, 저 강 위에 떠 있는 큰 것이 무엇이지요?"라고 어머니에게 물었다. 어머니는 "저것은 배란다. 배는 영국 사람들을 위해 중요한 일을 한단다. 영국 사람들은 농사를 짓지 않는단다. 그 대신에 저 배를 타고 외국에 가서 물건들을 만들 재료를 많이 싣고 와 공장에서 물건을 만든단다. 또 그 물건을 배에 싣고 외국으로 건너가 그것을 팔아서 먹을 것을 사 가지고 가득 싣고 온단다. 그래서 영국 사람들은 그것을 먹고 산단다. 배는 참 중요하지?"라고 아들에게 대답해 주었다. 이 말을 들은 어린 아들은 배가 정말 중요하다고 생각했다. 아들은 "나도 커서 배를 많이 만들어 영국 사람들을 잘살게 해야지."라고 생각했다. 그 후 그는 열심히 공부해서 마침내 영국에서 제일 큰 조선회사의 사장이 되었다고 한다. 아이가 이렇게 훌륭하게 성장한 것은 그의 어머니가 사랑과 대화로써 꿈을 심어 주었기 때문이다.

꿈은 자녀의 기질과 성품, 개성과 정서적인 요구에 맞는 것이라야 한다. 부모는 자녀들의 개성과 소질과 기호가 무엇인지를 파악하여 이것을 바탕으로 꿈을 심어 주고, 그 꿈을 실현할 수 있도록 성실히 도와 주어야 한다. 만약 자녀가 음악에 소질이 있으면 위대한 음악가의 전기를 읽게 하거나, 음악회에 데려가 수준 높은 연주를 들려주는 등 소질을 자극시킬 환경을 제공해 주는 것이 좋다.

꿈은 머리 속에서 생각하는 것만으로 이루어질 수 없다. 따라서 부모는 자녀에게 꿈이 소중하다는 것을 일깨워 주고, 꿈을 이루기까지 기도하고 노력할 것을 권고해야 한다. 그 꿈을 반드시 이룰 수 있다는 기대와 믿음을 자녀에게 심어 주어야 한다. 믿음의 대상은 하나님이다. 유한하고 불완전한 인간이 아니라 전능하시고 완전하신 하나님을 믿도록 자녀를 이끌어야 한다. 자녀의 꿈이 하나님의 뜻과 일치한 것이라면 낙심할 필요 없이 꿈의 성취를 끝까지 믿을 수 있도록 격려해야 한다. 자녀의 꿈은 부모의 힘이나 자녀의 재주, 성적으로 이루어지는 것이 아니고 부모와 자녀가 함께 하나님을 믿음으로써 실현될 수 있다. "믿음은 바라는 것들의 실상이요 보지 못하는 것들의 증거"이기 때문이다.^(히 11:1)

활력을 얻는 방학이 되게 하라

PLUS GOD TO YOUR CHILDREN

어떻게 하면 방학을 유익하게 보낼 수 있을 것인가? 이것은 부모들의 큰 관심사가 아닐 수 없다. 왜냐 하면 방학은 학교에서 가정으로 그 생활을 옮겨 놓은 것이기 때문이다. 방학은 아이들이 학교 공부의 부담에서 벗어나 자유롭게 보낼 수 있는 여가이기도 하다. 그러므로 방학이 자녀의 기억에 오래도록 남을 수 있도록 부모들은 자녀에게 공부의 부담을 주지 않으면서도 지적 발달과 정서 함양에 도움을 줄 수 있는 방법을 찾아야 한다.

방학 기간 중에는 자녀들을 공부에서 해방시켜 주는 것이 좋다. 미국에서는 부모들이 아이들을 데리고 며칠씩 여행을 떠난다. 독일에서는 많은 유원지에서 부모들이 아이들과 함께 놀아 준다. 아이들에게 놀이의 즐거움을 만끽하게 하자. 방학만은 자유로운 시간을 아이들에게 돌려주어야 한다. 부모의 강요와 계획에 따라 생활하게 되면 피아노, 미술, 운동 등도 즐겁지 않다. 신명나게 놀 줄 아는 아이가 공부도 잘한다. 아이들은 놀이를 통해서 공동체 의식을 배우고 창의력을 키우게 된다. 놀이를 통해서 규칙들을 만들어 내고, 새로운 놀이의 형식을 개발하기도 한다. 그러므로 방학은 아이들이 어른의 강요와 통제를 벗어나 주체적으로 자율적으로 그들만의 세계를 창조할 수 있는 소중한 시간이다.

방학은 신나고 즐겁다. 그래서 기다려진다. 방학을 맞는 모든 아이들의 가슴이 설레고 마음이 풍선처럼 부풀어 오른다. 자유의 소중함을 알게 되고, 놀이의 기쁨을 만끽하며, 부모와 함께 동물원, 식물원으로 가서 생명의 몸짓과 숨결을 느껴볼 수 있기 때문이다. 이것이 참 공부요. 살아 있는 공부다. 교과서만 읽고 외우고 쓰는 것은 참된 공부가 아니다. 방학 동안에도 여전히 숙제와 학습지에 매달려 있거나 학원에서 많은 시간을 보내는 학생들은 참으로 안쓰럽기 짝이 없다.

방학만이라도 마음껏 뛰놀도록

요즘 아이들은 놀 줄을 모른다. 방학만이라도 우리의 자녀를 또래들과 어울려 마음껏 뛰놀도록 해야 한다. 혼자서 하고 싶은 일을 자유롭게 할 수 있도록 배려해야 한다. 방학 중에 부모님이나 선생님의 지도 없이도 자신의 일을 스스로 판단해서 할 수 있도록 격려해야 한다. 자신의 일을 스스로 하는 것보다 더 보람 있고 즐거운 일은 없다.

방학만이라도 아이들의 긴장을 풀어 주고 놀이의 즐거움을 만끽하게 한다면 새 학기에 더욱 공부에 열중할 수 있는 활력을 얻게 될 것이다. 전혀 놀 줄 모르는 답답한 공부벌레보다는 놀이 속에서 아름다운 추억들을 얻은 아이들이 성장해서도 성공할 가능성이 높다.

우리는 개미와 베짱이의 이야기를 잘 알고 있다. 뿐만 아니라 그 이야기가 전하고자 하는 교훈도 귀가 닳도록 들어 잘 알고 있다. 그러나 다시 한 번 생각해 볼 문제는 개미의 삶에 과연 100점의 점수를 매길 수 있느냐는 것이다. 베짱이는 여름내 놀지만 말고 겨울을 준비하며 열심히 일을 했어야 한다는 것은 누구나 같은 생각일 것이다. 그러나 개미 또한 일만 하지 말고 때로는 노래도 부르며 쉬는 것이 일의 효율 면에서도 필요했으리라고 생각된다.

어느 심리학자는 말하기를 "놀기만 하는 아이는 문제이지만 공부만 하고 놀 줄 모르는 아이는 더욱 큰 문제이다. 이런 아이가 진짜 문제아일 수 있다. 정신분열증의 초기 증상이 이렇게 시작되기 때문이다."라고 말했다. 이처럼 '쉼' '여가' 라는 말은 노동의 한 부분이지 노동과 분리해서 생각할 수 있는 부분이 아니다. 더구나 신앙인에게 있어서 여가라는 것은 하나님의 창조 질서에도 부합된 것으로서 신앙생활의 활력소가 된다.

학교생활을 한 사람이라면 누구나 느꼈겠지만 학생들이 가장 기다려지는 것은 무엇보다도 방학일 것이다. 그러나 학생들이 고대하며 기다리는 만큼 방학은 그들에게 기쁨과 만족을 주지 못한다. 고학년은 고학년대로, 저학년은 저학년대로 새로운 공부를 시작할 뿐이다. 여기저기 학원에 다녀야 하고 과중한 방학 숙제와 학교보다 더 답답한 부모의 감시 속에 쓸쓸한 방학을 보내야 하는 것이 우리의 교육 현실이다.

방학의 진정한 목적은 학교의 정규 과정으로부터 벗어나 가정, 자연, 사회 속에서 교과서 외적인 것을 배우고 체험하는 것이다. 그러나 경쟁 위주의 교육 현실은 우리의 청소년들에게 공부만 강요할 뿐이다.

방학엔 신앙의 열정을 회복해야

스위스의 폴 투르니에(Paul Tournier) 박사는 이렇게 말하고 있다. "우리의 피곤은 무엇보다도 우리가 하나님으로부터 소외되고 있다는 징조이다." 이 말은 결국 우리 자녀들의 마음속에 하나님을 모셔야 하며, 바쁜 학교생활 속에서 식어버린 신앙의 열정들을 방학 동안에 회복해야 함을 시사해 준다.

미국의 어느 통계 자료에 의하면 10대 청소년 시기에 신앙의 체험이 없는 사람이 성인이 되어서 예수님을 영접할 확률은 거의 없다고 한다. 우리의 자녀로 하여금 방학 기간에 신앙을 한 번쯤 점검케 하자. 기도와 각종 수련회를 통해 마음의 평화를 얻는 길을 열어 주자. 우리의 자녀들이 신앙의 바탕 위에서 놀이와 학습을 조화시켜 나갈 때, 방학이야말로 자녀의 성장을 돕는 진정한 여가가 될 것이다.

다채로운 경험을 통해 정서를 길러라

● PLUS GOD TO YOUR CHILDREN

일반적으로 대부분의 부모들은 자녀의 정서 교육에 대해 관심을 기울일 만한 여유를 갖지 못하고 있다. 부모는 부모대로, 아이는 아이대로 날마다의 일과에 쫓기고 있다. 이런 현상은 음악, 미술, 무용 등의 특기 교육을 실시하는 일부 가정에서도 마찬가지이다. 어머니들은 아이가 몇 장의 그림을 그렸는가? 피아노 책의 진도가 얼마나 나갔는가를 체크할 뿐, 그런 교육이 자녀의 정서 발달에 어떤 영향을 주고 있는가를 헤아려 보지 못하고 있다.

방학 계획을 세우기 위하여 어머니 혼자보다는 여러 어머니들이 의견을 모을 필요가 있다. 가능하면 같은 또래의 아이를 가진 어머니들끼리 계획을 세우는 것이 효과적이다. 방학 기간이 한 달 정도이므로 교육 내용은 손쉬운 것들로 정하는 것이 좋다. 동물기르기, 하모니카, 공작(수예), 축구, 그림, 음악 감상, 합창, 붓글씨, 과학 교실 등, 그 밖에 가능한 종목을 선택하는 것이 적당할 것이다.

방학 동안 아이들이 무엇을 배우고 싶은가를 물어보고 10명 내외로

클럽을 만들어 보자. 클럽별로 요구가 많으면 두 가지 정도를 한꺼번에 배우도록 해도 좋다. 지도 교사는 음대 학생, 미술대 학생, 체육대 학생 정도로 하되, 어머니들 중에서 교육을 담당할 수 있다면 더욱 좋을 것이다. 교실은 학교나 교회 또는 어린이들의 가정을 활용해 보자.

합창이나 합주는 어린이들의 정서 발달에 좋은 영향력을 준다. 아름다운 소리, 협력하는 즐거움, 화음의 신비를 경험하게 해 준다. 요즘은 가정에서 바느질하는 일이 드물지만 어린 소녀들에게는 바느질이 본능적인 기쁨을 주는 일 중의 하나이다. 인형 재료를 사다가 각기 예쁜 인형을 만들거나 손수건, 앞치마, 신주머니, 꽃 등을 만들게 하면 바느질하는 습관을 들이는 데도 좋다. 다 완성되면 한데 모아 양로원이나 고아원을 찾아 선물하는 것도 권장할 만한 일이다.

남자 아이들을 위해서는 공작을 권할 만하다. 실톱을 비롯해 연장을 한 벌 마련하고 나왕을 사다가 일정한 모양을 오린 후 강아지 집, 책꽂이, 꼬마 신발장 등을 각자 만들어 본다. 니스 칠이나 페인트 칠까지 마치게 되면 집안 곳곳을 자기 손으로 개량할 수 있다는 자신을 어려서부터 갖게 된다.

클럽 친구들과 어울려 가까운 공원이나 학교 운동장에서 공을 차거나 야구를 하는 것도 신체 단련에 도움이 된다. 부모들이 자녀의 운동하는 모습을 지켜본다든가 같이 어울릴 수 있으면 더욱 좋다. 여러 가정에서 소장하고 있는 클래식 음반이나 명화를 모아서 감상하는 모임을 갖는 것도 좋다. 쉽고 친절한 설명, 각자에 대한 에피소드 등을 들려주면 예술에 대한 자녀의 관심을 더욱 키울 수 있다.

과학 교실에서는 얼음과 소금을 이용해서 '아이스크림' 만들기, 개미 길러보기, 꺾꽂이로 뿌리 내려보기, 전기를 이용한 각종 실험 등 평소에 교과서에서만 배우던 것들을 직접 실험해 보도록 하자.

이상에서 소개한 교육 프로그램들은 자녀의 탐구 정신과 함께 풍부한 정서를 길러 준다. 이 프로그램들은 학교의 정규 학습에 기울이던 열성의 절반만 할애하면 쉽게 교육적 효과를 얻을 수 있는 것들이다.

만약 자율적으로 클럽을 만들기 힘들 때는 교회나 여러 사회 단체의 프로그램을 알아보고 자녀에게 적합한 것을 선택하는 것이 좋다. 예를 들면 강원도의 동강을 비롯한 생태 청정 지역을 견학하는 '생태 기행'에 참여시켜 자녀에게 생명의 고귀함을 일깨워 준다든지 혹은 문학 단체가 주관하는 '청소년 백일장'과 '문학 기행' 같은 프로그램을 권유하여 자녀의 사색과 감성의 조화를 도모하는 것은 매우 바람직한 일이다. 이처럼 학과 위주의 학습 방법에서 벗어나 다채로운 경험을 쌓게 하는 것이 자녀의 지적, 정서적 성장에 큰 도움이 될 것이다.

'나'를 알아 가는 일기를 쓰게 하라

필자가 글을 쓰기 시작한 것은 일기가 시초인 것 같다. 답답할 때, 화가 났을 때, 연인이 그리워질 때, 그리고 무엇인가 고민하며 괴로워할 때 그 심정을 일기장에 생각나는 대로 몇 장이고 쓰다 보면 마음이 풀리고 가벼워져 안정을 되찾곤 했던 기억이 생생하다.

눈 오는 밤에 쓰는 일기는 아름다운 한 편의 시가 된다. 누군가 그리운 사람에게 마음을 적어 놓으면 정다운 사연의 편지도 된다. 해를 거듭할수록 발전된 문장력과 정서적 풍요를 느꼈고 항상 새로운 마음으로 다음 날을 맞이하곤 했다. 비록 현실은 암담하고 고달파도 나의 일기만은 언제나 푸른 꿈으로 가득했고 밝은 인생의 설계와 희망으로 가득 차 있었다.

춘원 이광수는 "내가 일기를 쓰는 데 주안으로 삼는 것은 나의 심중에 일어난, 또는 나를 깊이 감동시킨 여러 가지 사건을 가장 솔직하게 기입하는 것이다. 나는 일기를 쓰는 그 이상의 목적을 모른다. 다만 쓸

+GOD

내가 일기를 쓰는 데 주안으로 삼는 것은 나의 심중에 일어난, 또는 나를 깊이 감동시킨 여러 가지 사건을 가장 솔직하게 기입하는 것이다. 나는 일기를 쓰는 그 이상의 목적을 모른다. 다만 쓸 따름이다." – 이광수

따름이다.”라고 하였다. 사실 일기는 일상생활에서 일어난 변화를 기록해 놓은 것이다. 그것이 때로는 역사적 자료가 되기도 하지만 그렇다고 해서 거창한 것은 아니다.

일기를 쓸 때는 남을 의식할 필요가 없다. 과장할 필요도 없고 아름다운 수식어를 덧붙일 필요도 없다. 오직 ‘나’다운 글을 쓰면 된다. “아침에 학교에 갔습니다. 선생님께 인사하였습니다.” 이처럼 초등학교 1학년의 그림 일기는 매우 단순하지만 그 단순함 속에 살아 있는 아이의 천진함이 우리를 감동시킨다. 일기의 대가(大家)라고 하는 앙드레 지드(Andre Gide)의 고백에서도 우리는 그의 명석한 성찰력과 성실성에 감동하게 된다. 이처럼 일기는 잘 쓰고 못 쓰는 것에 구애를 받지 않는다. 오직 일기는 쓰는 사람의 진실에 의존하게 된다.

대부분의 사람들은 일기를 쓸 때 자기의 감정을 꾸미고 문장을 장식하기도 한다. 사람들의 내면에는 자기의 실수나 수치를 드러내기를 꺼려하는 일면이 있기 때문이다. 그러나 앰브로스 비어스(Ambrose Bierce)가 말했듯이 “일기를 돋보이게 하고 싶어하는 것은 여인의 화장술처럼 위장에 가득 찬 것”이다. 비어스는 “일기, 그것은 자기의 생활 중에서 자기 자신에 대해 얼굴이 붉어지지 않고도 말할 수 있는 부분에 관한 나날의 기록”이라고 정의하였다. 비어스의 견해는 일기가 진실한 마음의 기록이 되어야 함을 시사해 준다.

일기는 자랑도 수치도 모두 포함하는 ‘나’의 하루이다. 그 하루의 생활은 자기 인생의 한 부분이자 목숨의 한 핏줄이다. 이런 의미에서 나는 “일기”를 “생활 일기” 또는 “생활 수기”라고 부른다. 좀 더 정확하게 말한다면 “자서전적 생활 수기”라고 부르고 싶다. 성경에서도 “내일 일은 내일 염려할 것이요 한 날 괴로움은 그날에 족하니라”(마 6:34)고 말씀하셨듯이, 하루의 일을 솔직히 기록할 때 진정한 ‘나’를 발견하게 될 것이다.

일기를 쓰는 또 다른 목적은 내일을 어제나 오늘보다 더 훌륭한 하루가 되도록 하기 위함이다. '나'를 과거 속에 묻어 두자는 것이 아니요, 오늘에 만족하거나 절망하자는 것도 아니다. 일기는 무한한 가능성을 향한 꿈을 그리는 것이다. 일기는 희망을 그리는 것이기 때문에 때로는 영혼과의 깊은 대화가 되기도 하고, 하나님과의 사랑 이야기가 되기도 한다. 일기는 '나'를 혼란 속에서 밝음으로, 고뇌 속에서 평정으로, 유한한 것으로부터 무한한 것으로 옮겨놓는다.

어린 시절부터 일기를 쓰는 습관을 들인다면 인생의 마지막까지도 '나' 자신에게 진실해질 수 있고, 성실한 땀방울을 소중히 여기는 사람으로 살아가게 될 것이다.

편지로 감동을 주고받아라

편지는 글재주와 영감으로 쓰는 것이 아니다. 오로지 '나의 마음'을 상대방에게 전하는 것이다. 편지는 에세이도 소설도 철학도 아니다. 만날 수 없으니까 쓰는 글이요, 만날 수 있다 할지라도 말로 할 수 없는 이야기를 쓰는 것이다. 그런 의미에서 편지의 형식을 빌려쓰고 있는 괴테의 『젊은 베르테르의 슬픔』이나 네루(Pandit M. Nehru)의 『딸에게 들려주는 세계사』 등은 진정한 의미에서 편지가 아니다. 다만 편지의 형식이 그 어떤 것보다 강한 호소력을 지니고 있기 때문에 그 효과를 문학적으로 빌려온 것이다.

전화보다 시간은 걸리지만 쓰고 읽으면서 서로의 마음과 마음, 가슴과 가슴이 따뜻하게 만날 수 있는 것이 편지의 매력이다. 편지 속에 얼마나 간절한 마음을 담았는가에 따라 인간 관계는 바람직한 방향으로 변하게 마련이다. 편지란 본래 정성이 깃들고 거짓 없는 마음으로 표시된 글이다. 편지는 어느 정도의 공통된 경험과 사정을 아는 사이에 쓰는 것이기 때문에 다른 글에 비해서 설득력이 있다. 그리고 은밀한 마음이 서로 오고가기 때문에 사랑의 영향력이 나타난다.

자녀가 어머니로부터 다음과 같은 한 통의 편지를 받는다면 얼마나 행복하고 가슴이 뿌듯하겠는가?

"너의 출생은 나에게는 신비와 감사, 그리고 크나큰 기쁨이었단다. 엄마에게도 어려움과 괴로움이 있지만 무엇보다도 신앙으로 잘 자라는 너의 모습을 볼 때마다 새로운 힘과 용기를 얻는단다. 네가 곁에 있다는 것이 엄마에게겐 가장 큰 행복이란다. 네가 없었다면 아마 엄마는 사랑의 의미를 몰랐을 거야. 엄마에게 사랑과 행복을 알게 하신 하나님께 감사드리고 싶구나. 애야! 엄마는 너를 참으로 사랑한다."

또한 부모가 자녀로부터 다음과 같은 사랑의 편지를 받는다면 가슴 뭉클한 사랑을 느끼지 않겠는가? 필자의 둘째 딸 혜은이가 중학생 시절에 보낸 편지 한 편을 소개해 본다.

아빠!

제가 벌써 중학생이 되었어요. 중학생이 되고 보니, 그 동안 아빠에 대해 잊어버리고 있었던 고마움이 새록새록 생각나는 것 같아요. 먼저 아빠에게 저의 학교를 자랑하고 싶어요. 저의 학교는 도서실을 비롯해 음악실, 미술실, 강당, 체육관 등 공부할 수 있는 여러 시설이 많아요. 그리고 여러 선생님들께서 마치 큰오빠, 큰언니처럼 저희들을 사랑하는 마음으로 열심히 가르쳐 주셔요.

아빠께서는 저희들 어릴 때부터 항상 웃으시면서 "밥 잘 먹고, 말 잘 듣고, 사이좋게 놀라."고 하셨죠? 언젠가 아빠께서 그것은 우리 집 가훈이라고 말씀하셨지요. 참 좋은 것 같아요. 밥 잘 먹으면 몸이 건강해지고, 하나님 말씀과 선생님, 부모님 그리고 웃어른들의 말씀을 잘 들으면 예의바르고 착한 학생이 된다는 것을 늘 기억하고 있답니다.

그리고 언니, 오빠, 동생, 친구 사이에도 사이좋게 지냈더니 너무나 즐거워요.

또 제가 초등학교 4학년 때부터 가족 모두 아침 일찍 일어나 음악에 맞춰 국민체조를 하고 한 자리에 모여 앉아 가정예배를 드리며 성경 읽는 시간이 정말 우리에겐 얼마나 중요한 것인지 알 수 있었어요.

아빠께서는 성경 읽고 나면 두 팀으로 나누어 우리를 가르쳐 주셨죠. 아빠는 숙제를 일일이 검사해 주시면서 틀린 것을 고쳐 주시고 확인해 주셨어요.

공휴일, 방학 때에는 언니와 저에게 엄마를 도울 겸 가정 실습으로 집안 청소, 설거지, 세탁 등을 하게 하셨죠. 자기 방은 자기가 청소하도록 어려서부터 훈련시켜 주셨고 또 저희들에게 특기를 길러 주시기 위해 피아노를 치게 하셨어요.

아빠의 가르침이 없었다면 서로 돕고 사는 생활을 배울 수 없었을 거예요. 그리고 어려서부터 맡은 책임을 잘 감당하는 습관을 길들여 주시고 저의 달란트를 키울 수 있도록 지도해 주신 것도 너무나 감사해요.

처음엔 아빠께서 쓸데없는 것이나 필요 없는 물건을 사지 못하게 하셔서 원망한 적도 많았어요. 그러나 아빠께서는 많은 물질보다는 저희들의 착한 마음과 성실한 행동을 더 좋아하시기 때문에 그러실 수밖에 없었다는 것을 나중에서야 알게 되었어요.

이제는 제가 물건을 아껴 쓰게 되고 전기와 수돗물 한 방울도 아끼는 버릇이 생겼어요. 절약을 하다 보니 제가 사용하고 있는 모든 것들이 소중하게 생각되었어요. 그리고 제가 가지고 있는 모든 것들을 하나님께서 저에게 주셨다는 것을 알게 되고부터 하나님께 감사하게 되었어요. 아빠께서 저에게 절약하는 삶을 가르쳐 주시지 않았다면 하나님께 대한 감사를 배우지 못했을 거예요.

이렇게 말하다 보면 아빠에 대한 고마움은 끝이 없을 것 같아요.

아빠, 이 모든 것을 저는 무엇으로 갚아야 될지 모르겠어요. 아빠, 너무 고맙고 감사해요.

하나님께서 아빠에게 큰 은혜 내려 주시고 더욱 건강하게 해 주시길 기도드리겠어요.

둘째 딸 혜은 올림

PLUS+GOD 자녀의 삶에 하나님을 더하라

자녀와 함께 나누는 사랑이 더욱 깊어지려면 많은 대화를 가져야 한다. 그런데 편지는 말로써 나누는 대화보다도 더욱 따뜻한 대화이다. 편지는 부모와 자녀 사이의 갈등을 해소할 수 있는 사랑의 메신저이다. 자녀가 낙심해 있을 때 말을 통해 위로하고 격려하는 것도 좋지만 책상이나 머리맡에 놓아 주는 정성스런 편지 한 통은 자녀의 가슴에서 감동의 눈물을 흐르게 한다. 그 감동은 자녀가 넘어질 때마다 다시금 그를 일으켜 세울 수 있는 원동력이 된다.

자녀와 함께 나누는 사랑이 더욱 깊어지려면 많은 대화를 가져야 한다. 그런데 편지는 말로써 나누는 대화보다도 더욱 따뜻한 대화이다. 편지는 부모와 자녀 사이의 갈등을 해소할 수 있는 사랑의 메신저이다. 자녀가 낙심해 있을 때 말을 통해 위로하고 격려하는 것도 좋지만 책상이나 머리맡에 놓아 주는 정성스런 편지 한 통은 자녀의 가슴에서 감동의 눈물을 흐르게 한다. 그 감동은 자녀가 넘어질 때마다 다시금 그를 일으켜 세울 수 있는 원동력이 된다. 사랑을 담은 한 통의 편지는 자녀의 평생을 지지하는 든든한 버팀목이 될 것이다.

자녀의 EQ를 높여라

● PLUS GOD TO YOUR CHILDREN

최근 IQ보다 EQ에 대한 관심이 많아지고 있다. 1995년 말부터 우리 한국에서도 거론되기 시작한 EQ 이론에 대해 교육학자들은 인성에 바탕을 둔 EQ 계발이 자녀들의 인생에 지대한 영향을 준다고 강조하고 있다.

그렇다면 EQ$^{(Emotional\ Quotient)}$란 구체적으로 어떤 것인가? EQ는 감성 지수로서 마음으로 사람들을 이해하는 능력을 의미한다. EQ의 판단 기준으로는 주로 정서적 안정, 내적 자신감, 의지적 신념 등을 들 수 있다. 이 감성 지수가 높아지면 윤리 의식과 도덕성을 갖추는 것은 자연스러운 일이다. EQ가 높은 사람은 눈물이 있고 따뜻함이 있고 인정이 있다. 그의 마음속에서 선의·협동·봉사·친절·인내가 자연스럽게 우러나온다. 지금까지 세상을 시끄럽게 했던 대형 사고와 사건들은 모두 IQ는 높지만 EQ가 낮은 사람들이 일으킨 것들이다.

다니엘 골만$^{(Daniel\ Goleman)}$ 박사는 "한 인간의 성공 가능성은 IQ로 표시

+GOD
"IQ가 한 사람의 행복과 성공에 기여하는 정도는 20퍼센트이고, 나머지 80퍼센트는 EQ가 결정한다." – 차호원 박사

되는 두뇌력보다 심성, 성격에 의해 보다 정확하게 측정될 수 있다.”고 주장했다. 한미가정연구원 차호원 박사도 “IQ가 한 사람의 행복과 성공에 기여하는 정도는 20퍼센트이고, 나머지 80퍼센트는 EQ가 결정한다.”고 하였다. 그밖에 많은 연구 결과에 따르면, 성공 요소, 행복 요소 가운데 IQ가 차지하는 비중은 20파워 20퍼센트 정도이고 나머지 80퍼센트는 EQ가 결정한다는 것이다.

인내력·모험심·자의식·감정 이입 능력 등을 나타내는 EQ가 성취도 상관관계에 있어서 IQ보다 더 높게 나타난다는 것이다. 이것은 학력보다 마음(정서)의 힘이 더 큰 영향을 미친다는 것을 뜻한다.

그런데 지금까지 우리는 너무 IQ만 강조하여 공부 잘하고 지능 높이는 일에만 치중했다. 그것이 성공적인 삶에 기여하는 정도는 20퍼센트에 이르지도 못하는데 나머지 중요한 80퍼센트를 소홀히 했던 것이다.

주지할 만한 사실은 IQ는 타고나는 것이지만 EQ는 자기 훈련을 통하여 증가된다는 점이다. EQ는 주로 세 살, 네 살의 나이에 많이 형성되지만 평생 동안 변화될 수 있다는 특징을 갖고 있다. 그러므로 EQ의 향상을 위해 후천적 노력과 교육의 환경을 조성하는 것이 필요하다.

EQ의 형성에 영향을 미치는 요소 가운데 가정교육이 절대적 요소로 등장하고 있다. 기독교가정사역연구소장 송길원 목사는 ‘자녀들의 EQ를 높이는 십계’를 다음과 같이 열거하였다.

① 자녀들과 함께 유머를 나누어라.
② 자녀들에게 책을 읽어 주어라.
③ 자녀들로 하여금 집안일을 거들게 하거나 심부름을 하게 하라.

④ 자녀들에게 집에서 만든 음식을 먹여라.

⑤ 자녀들에게 잦은 신체 접촉으로 사랑을 표현해 주어라.

⑥ 아이들에게 노는 것을 가르쳐 주어라.

⑦ 자녀들에게 힘든 과제 수행의 기회를 제공하는 데 인색하지 마라.

⑧ 자녀들을 끊임없이 격려하라.

⑨ 자녀들과 더불어 자주 여행을 하라.

⑩ 자녀들에게 묵상 기도를 가르쳐라.

1992년 미국상담협회가 연구 발표한 '자녀에게 미치는 정서적인 영향'에 의하면 EQ는 가정에서 95퍼센트, 교회에서 3.5퍼센트, 학교에서 1.5퍼센트가 형성된다는 것이다. 그러므로 자녀의 EQ는 부모의 양육 태도에 따라서 형성된다는 것을 알 수 있다. 자녀들의 EQ를 높이기 위하여 부모들이 가정의 교사 역할을 감당해야만 한다.

서울신학대학교 김종환 교수는 "IQ와 EQ는 둘 다 중요한 것이기 때문에 상호보완성을 갖도록 하여야 전인 교육에 도움이 된다."고 말하고 "자녀의 자존심을 높여 주는 교육이 사실상 EQ를 증진시키는 방법이다."라고 하였다. 자녀를 전인(全人)으로 성장시키는 길은 IQ와 EQ를 조화시키는 교육에 달려 있다고 해도 과언은 아니다.

5장 자녀를 도덕적 천재로 키워라

* 인간다운 삶을 가르쳐라

* 채찍으로 축복을 불러라

* 부모에게 공경하는 것을 가르쳐라

* 자녀에게 순종을 가르쳐라

* 훈계로 성장을 도와라

* 교육의 환경을 바꾸어라

* 도덕적 천재를 키워라

인간다운 삶을 가르치라

PLUS GOD TO YOUR CHILDREN

과연 현대의 모든 학문은 인간의 도덕적 성장에 도움을 주는가? 미국 하버드대학의 콜벅(Kohlberg) 교수는 미국의 시골 농부들과 워싱턴 DC의 국회의원들 중 누가 더 도덕심이 높은가를 실험했다. 실험 결과 국회의원보다 시골 농부가 훨씬 더 도덕성이 높았음이 증명되었다. 누구보다도 교육을 많이 받은 국회의원이 상대적으로 교육을 덜 받은 농부보다도 도덕성이 현저히 떨어지는 이유는 무엇일까?

이는 곧 세상의 학문이 도덕적 생활의 형성에 영향을 주지 못한다는 것을 뜻한다. 현대 학문의 발달에도 불구하고 인간 사회는 점점 더 타락하고 있지 않은가?

인간의 학문에는 두 가지 종류가 있다. 세상의 학문과 정신적인 학문이다. 세상의 학문은 일반 학교에서 교육하는 인문과학 및 자연과학을 의미한다. 그러나 정신적인 학문은 인간의 인간다움을 가르치는 도덕 교육을 의미한다. 이 교육은 종교에서 나온다. 인간의 도덕은 종교의 정신적 가치에서 비롯된다. 인류의 정신에 영향을 주었던 모든 건전한 종교는 기독교처럼 영혼의 구원을 얻는 데는 미치지 못하지만 그 나름대로 권선징악, 사랑, 관용, 무욕(無慾)을 강조해 왔다. 그러므로 종교 교육이 있는 곳에 도덕 교육이 있게 마련이며, 이것은 인간의 타락을 방지할 수 있는 예방책으로 작용한다.

그러나 종교 교육이 없어지고 세상의 학문만 강조될 때 인간은 타락의 길로 들어선다. 미국이 청교도에 의해 건설되었던 시절엔 기독교 정신인 청교도 사상이 사회를 움직이는 중심이었다. 그러나 1960년대 J. F. 케네디(John F. Kennedy) 대통령이 공립학교에서 성경 교육과 기도를 금지시키면서 상황은 급변하였다. 이후 미국은 종교 교육을 소홀히 하고 실용적 학문에만 치중하였다. 그 결과 미국은 달나라를 정복할 정도로 과학기술의 눈부신 발전을 이룩하였지만 인간의 마음을 정복하는 데는 실패하였다. 문란한 성행위와 에이즈의 만연, 총기 난사 사건 등은 오늘날 미국인들의 정신적 타락을 여실히 드러내 준다.

대도시마다 범죄가 들끓고 있다. 이러한 범죄의 원인은 부모들이 자녀에게 옳고 그름을 판단하는 종교 교육을 소홀히 하고 세상의 실용적 학문에만 열중한 데서 온 것이다. 유대인은 4,200년의 역사 속에서 어디를 가든지 조상 대대로 내려오는 신본주의 사상을 자녀들에게 우선적으로 가르쳤다. 그들은 종교 교육의 바탕 위에서 세상의 학문을 배움으로써 학문을 선용하는 길을 찾아나갔다. 유대인이 인류에 공헌한 수많은 인재들을 배출한 데는 종교 교육의 힘이 작용하고 있는 것이다.

한국의 사정은 어떠한가?

한국도 가정과 학교에서 전통적 예절과 인륜을 가르쳤던 시절엔 비록 배는 고팠어도 인간다운 훈훈한 정이 있었다. 그러나 진학만을 목표로 하는 학교 교육, 물신주의(物神主義), 배금 사상이 팽배해지면서 인간 사회는 점점 더 냉랭해지고 범죄가 들끓기 시작했다. 한국에는 컴퓨터

램을 설계하는 과학자는 있어도 정신적 사상을 가진 국민의 지도자는 결여된 상황이다.

이제 우리는 무엇을 해야 하는가? 기독교 사상에 바탕을 둔 인간 사랑과 생명 사랑의 정신을 사회의 도덕으로 확립해야 한다. 종교의 정신에서 비롯된 도덕 교육이 우리 자녀들의 미래를 반석 위에 올려놓는 길이다.

채찍으로 축복을 불러라

● PLUS GOD TO YOUR CHILDREN

조기 교육이라면 유대인들을 빼놓을 수 없다. 어떤 부인이 아이를 업고 랍비에게 찾아와서 "유대인들은 자녀들을 어떻게 키우기에 그처럼 위대한 인물들이 많이 나올 수 있었습니까?"라고 물었다. 그러자 랍비는 "일찍부터 교육시켰기 때문입니다."라고 말하였다. 랍비는 그 부인에게 "등에 업고 있는 아이가 몇 살입니까?"라고 물었다. 부인이 "내 아이는 두 살"이라고 하자 랍비는 교육에 있어서 "당신의 아이는 2년이 늦었습니다."라고 말했다는 것이다. 사실 미국 인구의 3퍼센트 정도에 불과한 유대인들이 미국 일류 대학 교수의 30퍼센트를 차지하고, 전 세계 인구의 0.3퍼센트도 되지 않는 유대인들이 노벨 수상자의 30퍼센트 이상을 차지하고 있다는 것은 어릴 때부터 "근실히 징계"(잠 13:24)한 교육의 결과라고 할 수 있다.

성경은 곳곳에서 자녀들을 가리켜 "장사의 전통에 가득한 화살" "축복" "기업" "잘 익은 포도송이" 등으로 표현한다. 그러나 이런 축복들은 징계와 절제 없이 자란 아이들에게 해당되는 말이 아니다. 부모의 마음을 평안하게 하고 마음에 기쁨을 주는 자녀들은 반드시 채찍과 꾸지람을 통해 자라기 마련이다(잠 13:1; 29:17). 징계하는 채찍(잠 22:15)을 경험하지 않고 자란 아이들을 가리켜 성경은 "아비의 재앙"(잠 19:13)이요 "어미를 욕되게"(잠 29:15)하는 자라고 말한다. 아이가 원하기만 하면 무엇이든지 부모가 제공하는 아이들은 장차 자란 후에 성욕과 물욕을 절제할 줄 모르는 엘리의 아들들과 같이 된다(삼상 2:12).

사람이 전쟁을 위해 만든 폭탄도 무서운 것이지만 더욱 무서운 것은 절제와 징계를 모르고 자란 아이들이다. 바른 욕구와 그른 욕구를 분별하지 못하고, 자신의 욕구를 절제할 줄도 모르며, 다른 사람들과 공존하는 법을 배우지 못하면서 자란 아이들은 성경이 말하는 축복이 아니라 폭탄이다.

한때 우리나라 폭력 조직의 하나인 서방파의 우두머리 김태촌이란 사람이 있었다. 이 사람이 어느 유명한 목사님의 설교를 듣고 회개하자 목사님은 집회 때마다 여러 번 데리고 다니면서 간증을 하게 했다. 김태촌이란 사람이 한동안 신문, 잡지 등을 통해 폭력계의 대부로서 널리 보도되어 악명이 높았기 때문에, '필자' 역시 그의 회개 소식을 접하고서 정말 그 유명한 목사님의 설교와 능력이 대단하다는 것을 인정할 수밖에 없었다.

그런데 얼마 전 나는 김태촌의 일로 또 한 번 놀랐다. 지금쯤 신학교를 졸업하고 전도사가 되어 있으려니 생각했는데, 그것이 아니라 그가 청송 감호소에 수감되어 있다는 것이다. 보도에 의하면, 그는 감호소에 수감되어 있으면서도 계속 폭력 조직을 관리하면서 범행을 모의하고 있었다는 것이다. 사람은 어려서부터 바른 신앙교육과 훈련을 받으면서 자라는 것이 얼마나 중요한가를 다시 한 번 일깨워 주는 사건이다.

물론 어른이 되어서도 예수를 믿게 된다면 매우 다행스러운 일이다.

그러나 더욱 견고한 신앙을 갖기 위해서는 어린 시절부터 독실한 가정에서 체계적인 성경 교육을 받으며 성장해야 한다.

우리나라 교인들의 삶이 불신자들보다 크게 낫지 않다는 평을 듣게 되는 까닭은 무엇일까? 어릴 때부터 지속적인 신앙교육을 받지 않은 것이 결정적 원인일 것이다.

부모에게 공경하는 것을 가르쳐라

PLUS GOD TO YOUR CHILDREN

흔히들 기독교는 "불효의 종교"라고 하면서 이를 믿기를 꺼려하며 반대한다. 그래서 역사적으로 많은 박해를 받았다. 기독교가 부모에게 제사 드리는 것을 반대한다고 해서 부모도 모르는 종교라고 말할 수 있을까? 이제 기독교가 말하는 효도에 대하여 생각해 보기로 하자.

성경은 모든 자녀들에게 "네 아버지와 어머니를 공경하라 이것이 약속 있는 첫 계명이니 이는 네가 잘되고 땅에서 장수하리라"(엡 6:2-3)고 말씀하셨다. "너는 너의 하나님 여호와의 명한 대로 네 부모를 공경하라 그리하면 너의 하나님 여호와가 네게 준 땅에서 네가 생명이 길고 복을 누리리라"(신 5:16)는 말씀과 모세의 십계명에서도 알 수 있듯이, 기독교에서 부모 공경은 사람 사이에 지켜야 할 첫째 계명이다. 이 계명은 우리의 선택에 달린 문제가 아니며 피할 수 있는 것도 아니다. 오직 순종의 길밖에 없다. 인륜(人倫)의 지상 명령인 것이다. 이 명령 앞에는 지켜야 할 책임과 순종만 남아 있다. 명령에 순종하는 자녀들이 장수와

+GOD

네 아버지와 어머니를 공경하라 이것이 약속 있는 첫 계명이니 이는 네가 잘되고 땅에서 장수하리라" – 엡 6:2-3

평안을 누리게 된다.

유교의 교훈 중에 '효는 백행의 근본이라' 하였으며 '죄 가운데 불효만큼 큰 죄가 없다'고 하였다. 사람은 사회적 책임을 지닌 존재이다. 부모 공경은 가장 본질적인 윤리요, 도덕이며, 모든 사회적 책임의 근본이다. 성경에서도 부모에 순종치 않는 자의 종교 생활은 가증스러운 위선임을 지적하고 있다. 위선의 대가는 징벌로 나타난다.

성경은 "네 부모를 공경하라"는 하나님의 명령을 거역하는 자가 받을 벌에 대해 다음과 같이 언급하고 있다.

"그 아비나 어미를 저주하는 자는 반드시 죽일지니라"(출 21:17)

"아비를 조롱하며 어미 순종하기를 싫어하는 자의 눈은 골짜기의 까마귀에게 쪼이고 독수리 새끼에게 먹히리라"(잠 30:17)

이 말씀은 모든 자녀로 하여금 불순종의 죄를 짓지 않게 하려는 경고의 메시지이며, 또한 "네가 잘되고 땅에서 장수하리라"(엡 6:1~3)는 말씀과 같이 부모를 공경하는 자에게 돌아갈 하늘의 축복을 역설적으로 증거하는 가르침이라 할 수 있다.

부모는 생명의 전달자, 보호자, 관리자이다. 가정 질서에 있어서 하나님이 세우신 권위자이다. 노아의 아들들 중에 아버지의 실수에 대해서 그 권위를 인정하고 지혜로운 처신을 한 아들은 복을 받았지만, 그 권위를 무시하고 보이는 대로만 말한 아들은 크게 저주를 받았다.

이 사건은 오늘날의 자녀들이 부모로부터 교육을 받아 많은 것들을 얻었음에도 불구하고 부모를 "구식"이니 "낡은 세대"니 하며 부모의 권위를 무시하는 풍조를 비추어 준다. 부모는 과거의 수고를 통해 자녀의 현재를 만들어 주는 사람이다.

비록 부모는 현재 모르는 것이 많고 빈약한 상태에 처했을지라도 자녀들에게는 마땅히 공경을 받을 수 있는 과거를 가지고 있다. 자녀들의 현재는 부모의 과거를 통해 형성된 것이다. 그러므로 부모는 자녀들로부터 존중받을 마땅한 권위를 가지고 있다. 어떠한 조건과 상황 속에서도 결코 무시될 수 없는 이유를 갖고 있는 셈이다.

부모의 사랑은 하나님의 사랑의 거울이다. 사람이 한평생 살면서 사랑의 빚을 많이 지고 살지만, 부모를 통해 받은 사랑은 평생을 두고 보답해도 다할 수 없는 것이다. 하등 동물은 나면서부터 자립하는 경우가 많지만 사람은 교육을 받아야만 비로소 자립적 인간이 된다.

사람은 가정교육, 학교 교육, 사회 교육, 종교 교육을 거쳐서 성숙한 인격자가 되어 간다. 그렇게 되기까지에는 부모들의 말할 수 없는 희생과 수고와 사랑이 그 배후에 깃들어 있다. 그러므로 부모 공경은 자녀의 일상적 삶이 되어야 한다. 성경에서도 "네 부모를 즐겁게 하며 너 낳은 어미를 기쁘게 하라"(잠 23:25)고 하였다. 말세가 되면 여러 가지 죄악이 나타나는데, 그 중에도 부모에게 배은하는 일이 많은 것을 성경은 지적하고 있다(딤후 3장). 부모에 대한 거역은 모든 악을 생산하는 원천이 될 수 있음을 기억하자.

그러므로 부모 공경은 자녀의 일상적 삶이 되어야 한다. 성경에서도 "네 부모를 즐겁게 하며 너 낳은 어미를 기쁘게 하라"(잠 23:25)고 하였다. 말세가 되면 여러 가지 죄악이 나타나는데, 그 중에도 부모에게 배은하는 일이 많은 것을 성경은 지적하고 있다(딤후 3장). 부모에 대한 거역은 모든 악을 생산하는 원천이 될 수 있음을 기억하자.

+GOD 너는 너의 하나님 여호와의 명한 대로 네 부모를 공경하라 그리하면 너의 하나님 여호와가 네게 준 땅에서 네가 생명이 길고 복을 누리리라" – 신 5:16

자녀에게 순종을 가르쳐라

성경은 자녀들에게 다음과 같이 말하고 있다.

"자녀들아 모든 일에 부모에게 순종하라"(골 3:20)

"자녀들아 너희 부모를 주 안에서 순종하라 이것이 옳으니라"(엡 6:1)

위에 인용한 말씀을 한 마디로 요약하면 "순종하라"는 명령이다. 예수님은 순종하는 아이로 자라셨다. 예수님은 지금도 아버지께 순종하는 자녀로서 생활하시며 아버지의 뜻에 따라 역사하시는 분이다.

예수님의 일생은 '순종'이 행복의 지름길임을 보여 준다. '순종'으로 인하여 부활을 체험하시고 많은 사람들을 구원하셨기 때문이다. 때때로 아이는 타고난 본성 때문에 부모의 지배에서 벗어나려고 한다. 십대의 나이에 접어들면 불평을 내뱉으며 부모에게 반발하는 경우가 많다.

+GOD
"자녀들아 너희 부모를 주 안에서 순종하라 이것이 옳으니라" – 엡 6:1

"우리 집은 맨날 왜 이 모양이야?"

"아빠 엄마는 잔소리쟁이야."

"이젠 좀 내 마음대로 생각하고 행동하고 싶어."

따라서 기성 세대는 성경을 비롯한 동서고금의 명저들을 통해 부모에 대한 순종이 하늘의 절대적 명령이자 모든 도덕의 근본임을 자녀에게 일깨워 줄 필요가 있다. 가정의 평안과 행복은 부모에 대한 순종에서 시작되기 때문이다.

그러나 부모의 지나친 간섭이 자녀의 반항을 불러일으키는 원인이 되기도 하고, 부모의 교육 방법이 올바르지 못하기 때문에 자녀의 반항을 자극하는 경우도 비일비재하다. 성경은 모든 자녀들을 향해 "부모에게 순종하라"는 가르침을 주지만, 동시에 모든 부모들을 향해 "자녀를 화나게 하지 말라"는 가르침도 주고 있다. 자녀가 부모에게 순종하는 것은 하늘의 절대적 명령이지만, 부모에게 순종하려는 마음조차 갖지 못하도록 자녀를 잘못된 길로 인도하는 것은 순종하지 않는 죄에 버금가는 것이다. 가출 학생들의 대부분은 가정교육의 부재 혹은 부모의 잘못된 교육 때문에 가족을 떠나게 된다. 모든 부모들이 자녀를 위하는 참된 길이 무엇인지를 다시 한 번 진지하게 생각해 보아야 한다.

부모의 편에서 볼 때 자녀의 순종을 받기에도 부족함이 없는 교육 환경과 교육 방법을 마련하는 것이 바람직한 일이다. 그러나 자녀의 편에서 볼 때는 언제나 부모에게 순종하는 것을 절대적 규범으로 삼아야 한다. 순종은 상황 판단에 따른 선택이 아니라 당위인 것이다. 성경은 "자녀들아 너희 부모가 옳을 때 순종하라"고 말씀하시지 않았다. 성경은 "자녀들아 주 안에서 네 부모를 순종하라 이것이 옳으니라" "모든 일에 부모에 순종하라"고 말씀하셨다. 순종하는 자녀는 여전히 하나님께서 허락하시는 빛 가운데 살게 될 것이다. 마침내 그는 부모의 말씀에 도전하고 부모의 권위를 의심하는 자유로운 아이보다도 더 행복하고 더 선량한 아이가 될 것이다.

비록 부모님의 판단과 결정이 잘못되었다 하더라도, 자녀에겐 부모의 결정을 평가할 책임이 없다. 그 결정의 책임은 부모에게 있다. 자녀의 책임은 다만 순종하는 일이다. "하지만 저의 부모님께서 그릇된 일을 명령하면 어떻게 합니까?" 이와 같은 질문은 이제 크리스천 자녀의 입술에서 사라져야 한다. 물론 우리는 자녀들을 죄 가운데로 빠져들게 한 아버지와 어머니가 있다는 것을 잘 알고 있다. 그러나 부모로 인하여 올무에 갇히는 상황이 온다고 해도 자녀들은 반항적인 생각으로 무장하지 말고 하나님께 대한 신앙으로 무장해야 한다. 부모 때문에 해를 입거나 잘못된 길을 들어섰다고 해서 부모를 향해 원망하거나 불만을 표시하는 자녀는 불순종의 죄를 짓는 것과 같다. 범죄의 가능성으로부터 아버지와 어머니를 지켜 달라고 하나님께 간구하는 것이 순종하는 자녀의 도리이다.

부모도 인간적 한계와 결점을 지니고 있기 때문에 자녀에게 그릇된 결정을 내리거나 불합리한 명령을 할 때가 있다. 이로 인하여 부모와 자녀 사이에 갈등이 생겨 가정이 해체되는 비극적인 결과를 가져오는 경우도 있다. 부모의 편에서 잘못을 저질렀을 때 "내가 아이에게 잘못을 시인하면 아이는 어떠한 반응을 보일까?" 라는 의문을 갖지 말고 "내가 만일 나의 잘못을 숨기면 하나님께서 어떻게 생각할 것인가?"라고 자문해 보기 바란다. 하나님은 자녀뿐만 아니라 부모에게서도 정직하고 솔직한 회개를 듣기를 원하신다. 부모가 자신의 잘못을 하나님께 회개하고 자녀 앞에서 시인하는 태도를 보일 때 자녀는 부모에게 자발적으로 순종하게 된다. 부모의 경건한 신앙과 겸손한 태도가 자녀의 자발적인 순종을 낳는다.

순종은 단순한 도덕만은 아니다. 그것은 자녀가 지녀야 할 최고의 도덕이다. 자녀에게 필요하고 자녀에게 기대할 수 있는 모든 선행이 순종 속에 포함되어 있다. 자녀들이 부모에게 순종할 때 자신들의 뜻 위에 더 높은 뜻이 있음을 알게 되며, 가장 높은 곳에 계신 하나님의 위대한 뜻에 순종하는 법을 배우게 된다.

부모에게 순종하는 것은 하나님께 대한 순종을 미리 준비하는 수련의 과정이다. 순종을 배우는 것은 영적인 생활의 기본이 되는 법도를 배우는 일이다. 덴마크의 철학자 키에르케고르(Kierkegaard)는 "믿기가 어려운 것은 이해하기 어렵기 때문이 아니라 순종하기가 어렵기 때문이다."라고 말하였다. 하나님은 순종하는 자에게 언제나 함께하신다는 것을 기억하자. 부모에게 순종하는 것이 모든 자녀를 위한 하나님의 계획이다. 부모에게 순종할 때 자녀는 곧 하나님께 순종하는 길을 걸어가기 때문이다.

훈계로 성장을 도와라

인격을 기르는 훈계를 하라

우리는 좀 더 멀리 내다보아야 한다. 하나님 말씀대로 사는 사람은 우선 보기에는 어리석은 것 같지만 궁극적으로 승리하게 된다. 물론 요즘 같은 세상에서 자녀를 하나님 말씀대로 교육시키면 우리의 자녀들이 사회에서 출세할 가능성은 작아진다.

하나님의 말씀대로 교육시킬수록 자녀들이 훗날 사회에 진출하여 불의한 풍토 속에서 불이익을 당하기 십상이라고 말할 수도 있다. 자녀를 교육시킬 때 이러한 딜레마에 빠져야 한다는 것이 우리의 비극이다.

여기에 신앙의 결단이 필요하다. 자녀로 하여금 하나님의 말씀을 무시하고서 이 세상과 타협하면서까지 사람들에게 부러움을 받는 삶을 살게 할 것인가? 아니면 이 세상 사람들에게는 다소 무시를 당할지라도 하나님 앞에서 칭찬을 받는 삶을 살게 할 것인가? 우리는 이 둘 중에서 하나를 선택하지 않으면 안 된다.

성경은 훈계에 대해서 조금도 두려워 말라고 하였다. 히브리서 12장

7절에서 13절에 하나님께서 우리에게 고통을 주시는 것은 우리를 사랑하기 때문이라고 하였다. "하나님이 아들과 같이 너희를 대우하시나니…"(히 12:7~8) 그러므로 우리가 자녀를 훈계하는 것도 자녀에 대한 사랑 속에서 우러나와야 한다. 자녀를 진정으로 사랑한다면 훈계할 줄 알아야 한다. 오늘날 자녀를 사랑하기는 하되 사랑하는 방법을 모르는 부모들이 너무 많이 있다. 우리는 훈계를 기피하는 이 세상의 방법에서 탈피하여 하나님의 말씀에 따라 자녀를 사랑으로 훈계하는 방법을 택해야 한다.

하나님은 자녀를 우리에게 맡기셨다. 우리는 이들을 훌륭한 사회인으로서 뿐만 아니라 하나님의 일꾼으로 키워야 할 책임이 있다. 이런 의미에서 우리의 자녀는 우리의 소유물이 아니다. 하나님께서 자기의 형상대로 지으신 하나의 중요한 인격이다. 그 인격을 좀 더 선하고 아름다운 인격으로 성장시킬 의무가 우리들에게 있다.

성장을 돕는 체벌을 하라

부모 된 자는 자녀의 양육과 교육에 대한 책임이 있다. 우리나라 속담에 "미운 자식 떡 하나 더 주고 고운 자식 매 한 대 더 때린다."라는 말이 있다. 성경 잠언 23장 13~14절은 자녀교육에 있어서 매를 아주 강조하고 있다. 잠언 13장 24절에도 "초달을 차마 못 하는 자는 그 자식을 미워함이라 자식을 사랑하는 자는 근실히 징계하느니라"고 말씀하고 있다.

여기서 말하는 채찍이란 단순히 회초리 몇 대를 때리고 마는 정도가 아니라 자식이 용서를 빌 때까지 때리는 것을 의미한다. 자녀교육에 있어서 매를 드는 것은 이스라엘 민족의 지혜이다. "아이의 마음에는 미련한 것이 얽혔으나 징계하는 채찍이 이를 멀리 쫓아내리라"(잠 22:15)

이 잠언의 지혜는 이스라엘 민족이 오늘날까지 수천 년 동안 지켜 오고 있는 것이고 또 이스라엘 교육은 세계에서 가장 훌륭한 것으로 알려져 있다.

아이의 마음이라고 해서 순진하다고 생각해서는 큰 오산이다. 아이들은 간단하게 거짓말하고 예사로 속여 넘기려고 한다. 그러므로 우리는 자녀교육에 대해 좀 심각하게 생각해야 한다. 흔히 아이들이 공부만 잘하면 교육이 다 끝난 것으로 생각하는데 이것은 큰 잘못이다. 아무리 지식이 많을지라도 정신이 온전치 못하면—도덕적으로 바르지 못하면—그 지식은 역기능을 발휘하게 된다. 결국 쓸모가 없게 되고 만다.

이러한 견지에서 성경은 자녀를 지식 있는 사람으로 만들라고 권하지 않는다. 지식이 많되 인격이 올바르지 못한 사람보다는 지식이 없더라도 선하고 진실한 사람이 하나님으로부터 인정받기 때문이다. 성경 말씀에 따라 자녀에게 매를 들 때에는 다음 사항을 신중하게 고려해야 한다.

감정으로 때리면 실수하게 되고 큰 역효과가 나타날 수 있기 때문에 자녀의 잘못을 분명히 알고 매를 들어야 한다. 절대로 자녀로 하여금 억울한 감정이 들게 해서는 안 된다. 만약 아이가 분명히 잘못했는데도 잘못을 고백하지 않을 때는 뉘우칠 때까지 회초리를 대야 한다. 그러나 아이가 잘못을 고백하고 용서를 빌면 아이에게 이전보다 더 사랑을 베풀어야 한다. 미워서 때린 것이 아니라는 것을 확실히 깨달을 수 있도록 자애롭게 감싸주어야 한다.

사랑의 채찍을 들어라

만약 부모가 잘못했을 경우에는 자녀에게 용서를 빌 수 있는 용기를 가져야 한다. 그래야만 자녀가 옳고 그른 것에 민감하게 반응할 수 있다. 이와 같이 채찍을 올바르게 사용하면 많은 유익이 있다고 성경은 교훈하고 있다. "그를 채찍으로 때리면 그 영혼을 음부에서 구원하리라"고 하였으니 자녀를 멸망에서 건질 수 있다. 아이들이 잘못을 저질렀을 때 아이들의 신체 중에서 머리를 제외한 다른 부분에 벌을 주는 것을 주저하지 말아야 한다. 자녀의 마음을 고쳐 주는 데 필요하다면 당연히 아이들 몸에 고통을 주는 것도 피하지 말아야 한다.

체벌을 주는 것을 꺼린 탓으로 아이들이 나쁜 짓을 태연히 하는 인간이 되었다면 부모는 자녀에 대한 책임을 다하지 못했으므로 할 말이 없을 것이다.

유대의 격언에는 "아이들을 때리지 않으면 안 될 때는 구두끈으로 때려라."는 말도 있다. 체벌의 목적은 아이들에게 육체적 고통을 주려는 것이 아니다. 어디까지나 마음의 교정을 위한 것이다. 그러므로 체벌을 할 때는 아이들에게 상처를 입히지 않는 한도 내에서 엄격하게 다스려야 한다.

어떤 자녀에게라도 멋대로 하라고 응석을 받으며 방임하는 것은 부모의 책임을 다하지 못할 뿐 아니라 자녀를 미워하는 것과 같다.

또 성경에는 다음과 같은 기록도 있다.

"채찍과 꾸지람이 지혜를 주거늘 임의로 하게 버려 두면 그 자식은 어미를 욕되게 하느니라"(잠 29:15)

어떠한 체벌이라도 자녀를 길들이는 데에 필요하고, 그것이 지혜까지도 주는 것을 강조한 부분이다. 눈물을 머금고 자녀에게 사랑의 '채찍'을 드는 부모가 자녀를 살리는 진정한 스승이 될 수 있다.

교육의 환경을 바꾸어라

살아 있는 교육을 하라

'사람' 중심의 교육이 이루어져야 한다. 교육의 주체는 우리의 자녀들이다. 모든 자녀들을 온전한 인간으로 존중하는 교육이 시급하다. 동시에 이것은 우리 사회가 가정에서부터 일상생활에까지 더불어 사는 '공동체'로 거듭나야만 가능하다.

자녀들의 공동체 의식을 함양함으로써 '사람' 중심의 교육을 전개하는 것과 함께 필요한 것이 있다. 자녀들로 하여금 시대 현실에 대한 인식을 갖게 함으로써 '삶'의 교육을 이루는 것이다.

학교에서의 교육은 물론이요, 가정 내에서 이루어지는 교육도 구체적인 삶의 상황과 동떨어져 있다. 교육의 좌표를 다시금 삶의 현장으로 돌려야 한다. 모든 교육이 생생한 삶의 현장에서 이루어져야 한다. 건강한 땀방울이 흐르는 노동의 현장, 사랑의 손길이 오고가는 만남의 장소, 병폐와 부조리를 조장하는 곳 등을 직접 보고 확인하는 과정을 통해서 '삶'의 교육을 전개해야 한다. 교육은 현실로부터 동떨어진 관념의 소산이 아니다.

관념과 지식만을 주입하는 교육은 자녀들의 영혼을 죽이는 교육이다. 따라서 자녀들에게 인간의 삶을 통해 교훈을 줌으로써 자녀들의 정신을 각성시키는 '살리는' 교육이 이루어져야 한다. 지금의 교육은 지식을 아이들의 머리에 저장하고, 기능을 아이들의 손에 옮겨놓는 죽은 교육이다. 정서와 인격을 키워 주는 교육이 아니라 오히려 고갈시키는 교육이 되어 버렸다. '살리는' 교육이 아니라 '죽이는' 교육이 된 것이다. 풍부한 정서와 인격적 성장을 돕는 '살리는' 교육이 절실히 필요하다.

자녀들의 인격과 정서는 부모가 어떻게 교육하느냐에 달려 있다. 자녀를 '살리는' 교육을 위해서는 자녀의 성적(性的) 특성을 어려서부터 한쪽으로만 규정하는 것을 삼가야 한다. 생물학적 성(性)과 함께 자녀의 내면 속에 잠재된 다른 성(性)의 특성을 고려하여 교육해야 한다. 아이들의 양성적(兩性的) 특성을 회복하는 것이 지성과 정서, 인격의 조화를 이룰 수 있는 길이다. 양성적 교육이란 남성, 여성의 생물학적인 특성을 바탕으로 자기의 성은 물론 다른 성에 대해서도 충분한 이해를 가지도록 다양하고 풍부한 배움의 기회를 마련해 주는 성(性) 조화의 교육이다.

오염되지 않은 교육적 환경을 만들어 주어라

자식 키우기가 갈수록 힘이 든다는 말을 자주 듣게 된다. 집안에서 아무리 단속에 신경을 써도 집 밖에 나가면 도처에 유혹과 위해를 가해 오는 갖가지 손길이 도사리고 있다.

최근 한 여성단체가 조사하여 고발한 내용에 의하면 비디오테이프 대여업소에서 빌려 주는 어린이 · 청소년 프로의 테이프가 너무나 낮뜨겁고 선정적인 장면을 많이 담고 있다고 한다. 돈을 벌기 위해서라

면 누가 희생되어도 좋다는 극단적인 이기심이 도처에서 벌어지고 있
는 셈이다.

그리고 다양한 매스미디어의 폭력적 행위 앞에서는 부모이든 교사
이든 무력해질 수밖에 없는 것이 오늘의 교육적 환경이다. 그래서 자
녀를 기르는 부모들의 걱정은 갈수록 커지고 그 해결 방안조차 힘겨워
진다.

시청률을 높이기 위해 계속적으로 불륜을 소재로 하여 흥미 위주의
스토리를 전개해 나가는 연속극, 농도 짙은 야한 대사로 시청자의 관
심을 끌려는 코미디, 무대 배경을 위한 무용팀의 안무에 성적(性的) 표현
을 시도해 보려고 애쓰는 가요 프로, 가정을 위한 매체임을 잊은 듯 가
끔 남녀의 정사 장면을 비추어 주는 외화 프로 등이 자녀교육의 위협
적 요소로 생각된다.

신문도 마찬가지이다. 스포츠 신문들마다 나체에 가까운 여배우와
모델의 선정적 사진들을 경쟁하듯이 게재하고 있고, 일간지들의 연재
소설도 문란한 성행위의 이야기를 미화시키고 있다. 또한 소설마다 선
정적인 삽화가 빠짐없이 등장하여 청소년의 촉각을 자극하고, 각종 광
고도 섹스와 관계된 문구와 사진을 통해 상업적 이익을 노린다.

문제는 이들 대중 매체가 예전과는 달리 어른만이 아닌 청소년 · 초
등학생까지도 시청자 · 독자로 끌어들이고 있다는 사실이다. 우리 자
녀들에게 좋은 교육 환경을 마련해 주기 위하여 행정 당국에 대해서는
지속적인 개선 방안과 단속 요구를, 언론사에 대해서는 자체 정화와
교육 풍토의 조성에 협력해 줄 것을 촉구해야 한다.

기성 세대가 청소년들의 존경을 받기를 원한다면 입으로만 가르칠
것이 아니라 오염되지 않은 교육적 환경을 만들어 주어야 한다.

도덕적 천재를 키워라

흔히 음악적인 천재, 학문적인 천재, 수학적인 천재 등에 대한 이야기를 자주 듣지만 '도덕적인 천재(Morally gifted)'에 대해서는 잘 모르고 있다.

"우리 아이는 머리는 좋은데 너무 바보 같다. 불쌍한 친구를 도와주는데 앞장서거나 남에게 양보를 잘 하며 손해를 보는 적이 한두 번이 아니다."

이러한 고백을 자주 접하게 되는 것은 우리 사회가 학문적으로 능력이 뛰어난 천재들에 대해서는 관심이 많지만 도덕성이 뛰어난 천재에게는 그다지 관심을 보이지 않는다는 것을 반증해 준다.

최근에 대두되고 있는 새로운 천재의 유형이 도덕적인 천재이다. 위인전을 보면 그 중에는 피카소처럼 천재적인 화가도 있고, 괴테 같은 천재적인 문학가도 있으며, 아인슈타인 같은 천재적인 과학자도 있다. 그러나 이러한 천재들보다 한 차원 더 높은 사람들이 있다. 그들은 도덕성이 뛰어난 천재이다. 예를 들면 슈바이처 박사, 테레사 수녀 같은 분들은 그 어떤 천재들보다도 더 높은 정신을 가진 위인이자 천재들이다. 그 높은 정신은 도덕성을 의미한다.

인류 역사상 위대한 업적을 남긴 사람들에게 매년 수여되는 노벨상이 있다. 노벨상에는 문학상, 물리학상만 있는 것이 아니다. 이 중에는 뛰어난 윤리 의식 및 박애정신이 있는 사람에게 수여되는 노벨평화상도 있다. 이 노벨평화상은 박애 정신과 결합한 도덕성이 학문적인 업적만큼이나 인류에게 많은 공헌을 하기 때문에 수여되는 상이다. 그러므로 도덕적 천재성이 뛰어나지 않고서는 노벨평화상을 받을 수 없다.

만약 창의적인 두뇌의 능력을 파괴적이고, 부도덕하게 사용한다면 어떻게 되겠는가? 두뇌는 우수하되 도덕성이 결여된 사람은 처음에는 성공하는 것처럼 보이지만 궁극적으로는 파멸하게 될 것이다. 눈앞의 이익만 생각하는 사람은 제 아무리 천재성을 지녔을지라도 이는 능력이 없는 사람보다도 못할 것이다. 21세기에 꼭 필요한 천재는 도덕적인 천재이다.

인간 소외, 생태 파괴 등을 비롯한 각종 문제들이 점점 심각해져 가는 상황 속에서 도덕성을 갖춘 정치인, 경제인, 교육자 등이 앞장서서 문제를 해결해야 할 일이 많아지게 되었다. 특히 도덕성이 결여된 정치가는 국가를 병들게 할 것이고 도덕성이 결여된 사업가는 경제를 파멸의 길로 이끌게 될 것이다. 교육자의 도덕성이 땅에 떨어지면 인류의 정신이 몰락할 것이므로 도덕적 천재의 의미는 더욱더 크다.

6장 사랑 깊은 신앙유산을 물려주는 부모가 되라

❋ 말씀으로 자녀의 삶을 바꾸어라

❋ 조기 신앙교육에 힘써라

❋ 부모의 본으로 가르쳐라

❋ 자녀의 SQ를 높여라

❋ 흔들리는 가정을 바로 세워라

❋ 신앙을 모든 교육의 기초로 삼아라

❋ 아버지가 신앙을 교육하라

❋ 목적이 있는 신앙교육을 전승시켜라

❋ 가정예배에서 교육을 시작하라

❋ 신앙의 유산을 물려주어라

말씀으로 자녀의 삶을 바꾸어라

PLUS GOD TO YOUR CHILDREN

사랑하는 우리 자녀들이 세속에 물들지 않도록 하기 위하여 그 무엇보다도 하나님의 말씀으로 조기 교육을 실시하여야 한다. 말씀을 통해 조기 교육을 해야 하는 성경적 근거는 이스라엘 민족의 자녀교육에서 찾을 수 있다. 창세기 18장 19절에서 "내가 그로 그 자식과 권속에게 명하여 여호와의 도를 지켜 의와 공도(公道)를 행하게 하려고 그를 택하였나니 이는 나 여호와가 아브라함에게 대하여 말한 일을 이루려 함이니라"는 말씀은 오늘날 기독교 가정의 자녀교육이 어떤 목표로 나아가야 하는 지를 시사해 준다.

이 말씀은 아브라함이 자신의 가정을 영적으로 지도하는 데 신실하여 하나님이 그를 사용하시게 된 결정적 요소였음을 말해 주고 있다. 그리고 "오늘날 내가 네게 명하는 이 말씀을 너는 마음에 새기고 네 자녀에게 부지런히 가르치며 집에 앉았을 때에든지 길에 행할 때에든지 누웠을 때에든지 일어날 때에든지 이 말씀을 강론할 것이며 너는 또

+GOD

내가 그로 그 자식과 권속에게 명하여 여호와의 도를 지켜 의와 공도(公道)를 행하게 하려고 그를 택하였나니 이는 나 여호와가 아브라함에게 대하여 말한 일을 이루려 함이니라" – 창 18:19

그것을 네 손목에 매어 기호를 삼으며 네 미간에 붙여 표를 삼고 또 네 집 문설주와 바깥문에 기록할지니라"^(신명기 6:6~9)는 말씀 속에 자녀교육의 방법이 나타나 있다.

종교심리학에 의하면 일생일대에 청소년기가 가장 감수성이 빠르고 종교를 받아들이는 데도 적기라고 한다. 성경은 신명기 6장 7절에서 "네 자녀에게 부지런히 가르치"라고 했다. 잠언 22장 6절에서 "마땅히 행할 길을 아이에게 가르치라 그리하면 늙어도 그것을 떠나지 아니하리라"는 가르침을 주기도 한다.

아브라함 링컨은 아주 비천한 농부의 집에서 태어났다. 집안이 너무 가난해서 공부할 수가 없었고, 어려서 어머니가 죽고 계모마저도 12세 되던 해에 여의었다. 그러한 환경 속에서 불우하게 자라난 링컨이지만 어머니가 돌아가실 때 남겨 놓은 성경책을 열심히 읽어, 후에 미국의 대통령이 되었다.

또 미국의 33대 대통령 해리 트루먼^(Harry S. Truman)은 고향 미주리 주 인디펜던스에 기념도서관을 세웠다. 개관식 날 아이들이 몰려와 질문을 던졌다. "대통령께서는 저희 같은 어린 시절에 학교에서 반장을 하셨나요? 우등생이었나요?" 대통령은 뜻밖의 대답을 하였다. "나는 우등생이 되어 본 적도 없고 더구나 반장을 해 본 일도 없었단다. 내가 너희들만한 때에는 볼품도 없었고 운동도 못 했고, 몸도 약하고, 눈이 어두워서 안경을 써야만 책을 읽을 수 있었단다." 그러나 아이들은 대통령의 말을 믿지 않았다. 그런데 어떻게 대통령이 되었느냐는 반문이었다. 트루먼은 다음과 같이 설명했다. "나는 매일 성경을 읽었단다. 성경을 읽을 때마다 나는 내 뒤에서 밀어 주시는 힘을 느끼며 살았단다." 트루먼의 고백처럼 성경 빌립보서 4장 13절의 "내게 능력 주시는 자안에서 내가 모든 것을 할 수 있느니라"는 말씀을 읽을 때마다 빈약하고 부족했던 트루먼의 삶이 강건한 능력으로 채워졌음을 알 수 있다.

기독교 교육학자들은 그 동안 가정에서 얼마나 성경적인 교육관을 갖고 자녀를 대했는지 먼저 생각해 봐야 한다고 지적한다. 이와 같은 지적은 하나님 말씀이 부모의 삶 속으로 내면화되어 교육의 목표가 될 때 생명을 살리는 교육이 이루어질 수 있음을 뜻한다. 하나님의 말씀이 각 개인의 인격 속에서 성숙될 때 진정한 교육 목표가 실현될 수 있다는 것이다.

서울대학교 박성수 교수는 "일선 교사들은 입시 교육 때문에 교육이 안 된다고 호소하지만 입시 제도가 잘못된 것이 아니라 입시를 통해 얻으려고 하는 교육의 목적이 잘못됐다."고 지적한 바 있다. 그는 무엇보다도 "사람들이 성적 제일주의 인식을 버려야 한다."고 강조한다.

기독교 교육학자들은 하나님께서 교육의 기능을 가정과 교회에 부여했다고 주장한다. 그들은 부모들이 자녀교육에 있어 '하나님께서 자녀에게 바라는 것이 무엇인가'를 먼저 인식하고, 자녀 교육의 '우선순위'를 정할 것을 충고하고 있다. 그들의 견해에 따르면, 먼저 가정예배를 통해 자녀에게 신앙적인 삶을 지도하고, 학교 교육에서 불충분하다고 생각되는 부분은 과외나 학원 교육으로 보충하는 것이 바람직하다는 것이다.

교육의 가치관을 변화시키는 것은 쉽지 않다. 그러나 우리 사회가 달라지려면 교육의 목적이 하나님 중심으로 바뀌고 크리스천이 삶의 귀감이 되어야 한다. 제도적인 모순을 탓하기 전에 교육의 목표를 성적 향상과 진학에만 고정시키는 부모들의 가치관을 바꾸지 않는다면 자녀들의 인격적 성장을 기대하기란 어려울 것이다.

과천시 부림동에 사는 최 집사(40세)는 "아이의 성적이 좋으면 나도 모르게 아이가 잘못을 저질러도 쉽게 용서되고 아이가 친구를 사귀면 그 친구가 공부를 잘하는지 못하는지가 왜 궁금해지는지 모르겠어요."라고 말하며 공부가 제일이 아니라는 것을 알면서도 자녀교육에는 마음과 행동이 일치하지 못하는 점을 안타까워했다.

이에 대해 가정사역자들은 자녀교육에는 조그만 순간이라도 하나님을 찾아가는 결단력이 필요하다고 말한다. 그뿐만 아니라 하나님께서 어떤 관점에서 우리들을 평가하시는지를 생각하면 자녀교육의 올바른 관점을 확립할 수 있다고 설명한다(국민일보, 1992. 6. 15자 참조). 인간의 직업이나 학업 성적, 물질적 풍요 등으로 가치를 평가하지 않고 그 사람 개인의 인격을 소중히 여기시며 사랑하시는 하나님의 가치관을 자녀교육에 적용시켜야 한다.

조기 신앙교육에 힘써라

PLUS GOD TO YOUR CHILDREN

하나님께서는 엘리 대제사장의 가정을 심판하셨다. 온 나라가 다 잘 아는 죄 때문이었다. 그 죄는 자녀교육의 실패와 관계가 있었다.

엄하게 다스려라

엘리는 자녀교육에 있어서 아들의 잘못을 엄하게 다스리지 않았다는 것이다. 사무엘상 3장 13절에 "내가 그 집을 영영토록 심판하겠다고 그에게 이른 것은 그의 아는 죄악을 인함이니 이는 그가 자기 아들들이(홉니와 비느하스) 저주를 자청하되 금하지 아니하였음이니라"고 하였다. 아들들의 행동이 불의하고 하나님을 경홀히 여겼다면^(삼상 2:12) 부모로서 뿐만 아니라 대제사장으로서, 성직자로서 당연히 법을 세워서 아들들의 불의한 행동을 금했어야 한다. 아들의 잘못을 꾸짖고 금해야 할 성직자가 오히려 잘못을 방치해 둔 것이 엘리의 과오이며 자녀교육의 실패였다고 말할 수 있다.

하나님 중심으로 가르쳐라

엘리는 자녀교육에 있어서 하나님 중심으로 가르치지 않았다는 것이다. 사무엘상 2장 29절에서 하나님께서는 "너희는 어찌하여…네 아들들을 나보다 더 중히 여겨 …"라고 말씀하시면서 엘리를 책망하셨다. 이 말씀은 "왜 너의 자식을 하나님보다 더 소중히 여겼느냐? 왜 하나님의 뜻에 따라 자식을 기르지 않았느냐? 너는 자녀교육을 잘못한 사람이다."라는 질책을 담고 있다.

이 두 가지 과오로 인하여 엘리 대제사장은 심판을 받게 되었다. 어떤 심판을 받게 되었는가? 사무엘상 2장 30절에 보면 "그러므로 이스라엘의 하나님 나 여호와가 말하노라 내가 전에 네 집과 네 조상의 집이 내 앞에 영영히 행하리라 하였으나 이제 나 여호와가 말하노니 결단코 그렇게 아니하리라 나를 존중히 여기는 자를 내가 존중히 여기고 나를 멸시하는 자를 내가 경멸히 여기리라"는 말씀이 기록되어 있다. 이 말씀은 옛날에 엘리 대제사장 가문에 베풀어 주셨던 축복을 이제 하나님께서 취소하신다는 것이다. 축복을 취소하신다는 것은 곧 촛대를 옮긴다는 것이다. 시대의 사명과 영권을 옮긴다는 것을 의미한다. 그래서 후에 엘리 대제사장의 영적 촛대가 사무엘의 가정으로 옮겨지는 결과를 낳는다.

이처럼 우리의 가정도 자녀교육에 있어서 엘리의 과오를 범하고 있지 않은지 살펴보아야 한다. 타고난 자질이 좋다고 하여 훌륭한 인물이 되는 것은 아니다. 자녀들이 공부를 잘하고, 일류 학교에 입학한다고 해서 탁월한 인물이 되는 것이 아니다. 자녀들이 하나님 마음에 합당한 교육을 받고, 그분이 요구하시는 사명을 깨닫는 삶 속에서 성장해야 한다.

절제를 배우게 하라

지난 여름 방학 직전, 서울역에서 기차를 타고 울산까지 내려갈 때의 일이 생각난다. 아침 열차 안에서 상쾌한 기분으로 많은 사람들이 조용히 신문과 책을 읽기도 하고 잠시 눈을 감고 있기도 했다. 그런데 내 가까이 앉은 여섯 살쯤 된 남자 아이가 얼마나 크게 떠드는지 주변이 정말 시끄러웠다. 서른 살 정도 되어 보이는 엄마가 옆에 있었지만 제재할 생각을 하지 않고 있었다. 사람들이 조용히 하라고 눈총도 주고 점잖게 주의도 주었지만 효과가 없었다.

잠시 후 그 아이가 화장실을 가려고 내 옆을 지나가기에 나는 아이의 손을 붙잡고 "너, 또 떠들 거야? 모두 조용히 쉬고 있는데, 너도 조용해야지?" 하면서 잘 타일렀다. 옆에서 보고 있던 아이 엄마는 별로 좋아하는 기색이 아니었지만 아이가 화장실을 다녀온 후에는 다소 조용해져서 편안하게 모두 여행할 수 있었다.

누구나 한 번쯤은 기차, 전철, 버스, 기타 공공장소에서 큰 소리로 떠드는 아이들, 요란스럽게 뛰어 다니는 아이들을 보면서 못마땅하게 여긴 적이 있을 것이다. 하기야 어느 곳에서든 아이들이 떠들고 소란스러운 것은 이상한 일이 아니지만, 문제는 부모들이 이런 아이들을 전혀 단속하거나 제재하지 않는다는 데 있다. 사실 아이들에 대한 우리 부모의 과잉보호, 징계 부재는 어제 오늘의 얘기가 아니다. 많은 전문가들은 과잉보호, 징계 부재 속에서 자란 아이들이 장차 기형적 성장을 보여 줄 것이라고 경고하고 있다. 그럼에도 불구하고 부모들은 자기의 자녀들은 그렇지 않을 것이라고 낙관한다.

징계와 절제는 일찍부터 가르치는 것이 효과가 크다. 어떤 사람이

구세군의 어머니 캐서린 부츠(구세군 창시자, 윌리암 부츠의 아내)에게 "자녀들을 모두 잘 양육한 비결이 무엇입니까?"라고 질문하자 그녀는 주저 없이 "악마보다 먼저 가르쳤기 때문이다."라고 간결하게 말했다. "세 살 적 버릇이 여든까지 간다."는 우리의 속담과 "마땅히 행할 길을 아이에게 가르치라 그리하면 늙어도 그것을 떠나지 아니하리라"(잠 22:6)는 성경 말씀은 조기 교육의 중요성을 우리에게 일깨워 주고 있다. 조기 입학, 조기 과외를 지양하고, 가정에서 성경 말씀에 따라 사람의 도리와 예법을 가르치는 유년의 조기 교육이 필요한 것이다.

요한 웨슬리(John Wesley)의 어머니는 19명의 자녀를 길렀다. 어렵고 고된 생활 가운데서도 어머니는 언제나 주의 말씀으로 아이들을 양육하였기 때문에 훗날 웨슬리라는 훌륭한 종교 지도자를 탄생시켰다. 설교가 스펄전(Charles H. Spurgeon)은 "주일 저녁마다 그의 어머니에게서 성경을 배웠다."고 한다. 부모가 자녀에게 줄 수 있는 가장 큰 사랑은 무엇인가? "나의 사랑하는 책 비록 헤어졌으나 어머님의 무릎 위에 앉아서 재미있게 듣던 말 그때 일을 지금도 내가 잊지 않고 기억합니다."라는 찬송가 가사처럼 주의 말씀을 어릴 때부터 가르치는 것이 자녀를 훌륭한 인물로 성장시킬 수 있는 반석이 된다.

행복한 가정은 하나님의 말씀 위에 선 가정이다. 부모는 자녀를 좀 더 잘 이해하려는 마음이 필요하다. 이해 없이는 자녀를 노엽게 하기 쉽다. "너희 자녀를 노엽게 하지 말고 오직 주의 교양과 훈계로 양육하라"(엡 6:4)는 당부의 말씀처럼 부모는 자녀를 소유물로 착각하지 말고 하나님이 맡기신 고귀한 선물로 소중히 여기며 그분의 가르침에 따라 사랑해야 할 것이다.

행복한 가정은 하나님의 말씀 위에 선 가정이다. 부모는 자녀를 좀 더 잘 이해하려는 마음이 필요하다. 이해 없이는 자녀를 노엽게 하기 쉽다. "너희 자녀를 노엽게 하지 말고 오직 주의 교양과 훈계로 양육하라"(엡 6:4)는 당부의 말씀처럼 부모는 자녀를 소유물로 착각하지 말고 하나님이 맡기신 고귀한 선물로 소중히 여기며 그분의 가르침에 따라 사랑해야 할 것이다.

"너는 청년의 때 곧 곤고한 날이 이르기 전, 나는 아무 낙이 없다고 할 해가 가깝기 전에 너의 창조자를 기억하라"(전 12:1)는 성경 말씀에서도 알 수 있듯이, 부모는 자녀가 청년의 시기를 넘기기 전에 창조주 하나님을 알 수 있도록 교육해야 한다. 이것은 부모의 가장 중요한 소명이다.

성경은 "너희 소자들아 와서 내게 들으라. 내가 여호와를 경외함을 너희에게 가르치리로다"(시 34:11)라고 말씀하였다. 여호와를 경외하는 것은 지식의 근본이요, 교육의 지름길이요, 삶의 척도이기 때문이다. 그러므로 자녀들에게 짧은 인간 경험이나 처세술을 주입하기보다 하나님의 말씀을 인생의 좌표로 제시해 줄 때에 자녀들은 가장 값진 재산을 물려받게 되며 형통의 은총을 누리게 될 것이다.

부모의 본으로 가르쳐라

● PLUS GOD TO YOUR CHILDREN

교육하는 일에는 두 가지 종류가 있다. 하나는 말로 가르치는 것이요, 다른 하나는 삶과 생활로 가르치는 것이다. 지식은 주로 말을 통해 가르친다. 인생을 아름답고 가치 있게 살도록 가르치는 것은 말보다 생활이다. 말로 가르치는 것은 쉽게 잊어버리지만 생활의 본을 통하여 가르치는 것은 깊은 감동을 주고 오래도록 영향을 준다. 그러므로 우리는 우리의 자녀를 가르치되 말로만 가르치지 말고 생활의 본으로 가르치도록 힘써야 하겠다. 사도 바울은 고린도 교우들에게 보낸 편지 중에서 "내가 그리스도를 본받는 자 된 것같이 너희는 나를 본받는 자 되라"^(고전11:1)고 하였다. 부모는 자기의 아들, 딸에게 귀감이 되는 생활을 보여 주어야 한다. 부모의 생활이 하나님의 가르침을 온전히 비추어 주는 거울이 되기 때문이다.

예수님의 말씀과 바울의 서신이 권위가 있고 감명을 주는 것은 어떤 이유에서일까? 예수님도 바울도 하나님의 말씀대로 생활했기 때문이다. 예수님 당시 바리새인과 서기관들은 입으로는 잘 가르쳤지만 하나님의 말씀대로 살지 않았기 때문에 책망 받은 위선자가 되었다.

예수님은 바리새인들을 다음과 같이 꾸짖으셨다. "화 있을진저 너희 율법사여 지기 어려운 짐을 사람에게 지우고 너희는 한 손가락도 이 짐에 대지 않는도다"

사도 바울도 성령의 감동으로 다음과 같이 기록하였다. "네가 율법에 있는 지식과 진리의 규모를 가진 자로서 소경의 길을 인도하는 자요 어두움에 있는 자의 빛이요 어리석은 자의 훈도요 어린아이의 선생이라고 스스로 믿으니 그러면 다른 사람을 가르치는 네가 네 자신을 가르치지 아니하느냐 도적질하지 말라 반포하는 네가 도적질하느냐 간음하지 말라 말하는 네가 간음하느냐 우상을 가증히 여기는 네가 신사 물건을 도적질하느냐"(롬 2:19~22) 이 말씀은 오늘날의 부모에게 마땅한 충고를 준다.

부모가 게으르게 허송세월하면서 자녀들에게 "열심히 공부하라. 열심히 일하라."고 가르치면 그 말씀이 권위가 있겠는가? 부모는 하나님의 말씀을 귀하게 여기지도 순종하지도 않으면서 자녀들에게 "성경대로 살면 복을 받는다."고 강조한들 무슨 효과가 나타나겠는가? 그러므로 부모 된 자는 말과 행동의 일치를 염두에 두고서 자녀를 가르쳐야 한다. 부모가 먼저 하나님의 말씀에 순종하는 생활을 잃지 않을 때, 그 생활은 자녀를 교육할 수 있는 훌륭한 교본이 된다.

훌륭한 교육은 생활을 통한 교육임을 잊지 말고 자녀와 후배 교육에 임해야 하겠다. 자녀는 귀로 배우는 것보다도 눈으로 배우는 것이 더 많다는 것을 명심해야 한다. 위대한 기독교인의 배후에는 아낌없이 섬기고 봉사하였던 부모의 본이 빛나고 있음을 명심해야 한다. 이것이 산교육이다.

자녀의 SQ를 높여라

● PLUS GOD TO YOUR CHILDREN

SQ는 영성지수(靈性指數)이다. 이것은 보이지 않는 하나님을 믿고 그의 섭리를 이해하는 능력을 뜻한다. SQ는 단순히 교회에 가서 예배만 잘 드린다고 높아지는 것은 아니다. 생활의 모든 영역에서 보이지 않는 "하나님을 더할 때" 높아진다. '하나님을 더한다'는 것은 어떠한 삶을 의미하는가? 인생에 있어서 가장 소중한 것 한 가지를 '더하는' 것이며, 인생의 나무를 지탱하기 위한 가장 소중한 생명의 뿌리를 하나님의 말씀 속에 내리는 것이다.

그러므로 '하나님을 더할' 수 있느냐 없느냐에 따라 SQ는 높아지기도 하고 낮아지기도 한다. 기독교 가정에 있어서 IQ가 낮은 것은 문제가 안 된다. 그러나 EQ와 SQ가 낮은 것은 심각한 문제를 낳는다. 성경은 '성령의 은사'가 있고, '성령의 열매'가 있음을 말하고 있다. 고린도전서 12장 4절에서 11절에 기록된 '성령의 은사' 9가지는 하나님께서 주시는 선물이다. 이 선물은 하나님께서 주셔야 받는 것이다.

그런데 갈라디아서 5장 22절에서 26절에 기록된 '성령의 열매'는

스스로의 노력과 훈련, 기도 생활·말씀 묵상·전도·사랑하기, 절제
하기 등의 경건 훈련을 통해서 얼마든지 맺을 수 있는 것들이다. '성령
의 열매' 9가지는 EQ의 5가지와 형태상 유사하지만 내용이 다르다.
심리학적 측면에서 얻을 수 있는 EQ와 영적 측면에서 맺어지는 SQ,
즉 성령의 열매는 그 성격과 차원이 다를 수밖에 없다.

심령의 행복, 부부 생활의 원만, 가정의 행복, 사회적 성취 등은 그
리스도인으로서 성령의 열매를 맺은 증거이다. 자녀들이 사회의 지도
자가 되려면 성령을 받아야 한다. 성령 안에서 자라게 되면 리더십이
생기고, 많은 사람을 이끌어 갈 수 있는 포용력과 지혜가 생기기 때문
이다.

그러면 성령의 열매를 맺는 기준은 무엇인가?
에베소서 4장 13절 말씀은 "우리가 다 하나님의
아들을 믿는 것과 아는 일에 하나가 되어 온전한
사람을 이루어 그리스도의 장성한 분량이 충만한
데까지 이르리니"라고 하였다. 여기서 가슴으로
뜨겁게 믿는 것은 EQ에 해당하고, 머리로 바르
게 아는 것은 IQ에 해당한다. 온전한 사람, 즉 '전인(全人)'을 이루어 그
리스도의 장성한 분량이 충만해지는 단계는 SQ이다. 이것은 예수님의
영적 수준에까지 근접한 상태를 의미한다.

자녀의 IQ와 EQ를 높이는 교육보다 더 중요한 것은 SQ를 높이는
교육이다. 성령의 열매를 충만히 맺어야만, 행복한 가정을 이루고 자
녀의 성공적인 삶을 기대할 수 있다.

흔들리는 가정을 바로 세워라

● PLUS GOD TO YOUR CHILDREN

가족간의 갈등으로 빚어지는 가족 해체 현상이 사회의 전염병처럼 급속도로 확산되어 가고 있다. 통계에 의하면 한국인 부부 열 쌍 중 네 쌍이, 미국인 부부 열 쌍 중 다섯 쌍이 이혼을 한다고 한다. 이로 인하여 어려움을 당하는 숫자가 교통사고로 인해 고통을 당하는 숫자보다 훨씬 많다고 한다.

그 결과 청소년 범죄가 증가하고 있고, 청소년 자살률은 1970년대에 비하여 무려 두 배로 증가했으며, 마약과 알코올 중독자, 십대들의 임신 및 미혼모들이 사회의 큰 문제로 나타나고 있다.

얼마 전 청주시에서 아들(17세)이 "취직까지 시켜 주었는데도 다니지 않고 하는 일 없이 놀고 지낸다."고 나무라는 어머니(57세)를 목 졸라 살해한 뒤, 청주 어느 고등학교 상수도 탱크에 시체를 유기한 사실이 일주일 후에야 밝혀졌다. 이처럼 부모와 자식, 남편과 아내가 서로를 살해하는 경우가 잦아지고 있다. 전문가들의 진단에 따르면, 개인의 자유 의지가 강해지고 책임 의식이 점차 희박해지면서 가족 공동체 의식이 깨지고, 엄격한 가족 윤리와 규범이 무너져 이 같은 현상이 크게 늘고 있다.

가정의 도덕과 영성을 회복하라

현대의 가정을 한 시인은 다음과 같이 풍자하였다.

즐거운 나의 집이라고 옛 시인은 노래했으나
지금은 정류장이 되었다는 말을 들었다오
먹기 위해서 잠자기 위해서
그리고 달리기 위해서
정류장에 잠시 들르게 되었네

이 시는 오늘날 현대 가정이 단지 침식과 숙박의 수단으로 전락해 버린 슬픈 현실을 묘사하고 있다.

아담과 하와는 에덴동산에서 풍요롭고 행복한 가정을 가꾸어 왔지만 하나님의 명령을 어김으로 오늘과 같은 가정의 파괴를 가져왔다. 가정이 파괴되는 것은 대개 경제 문제가 원인이라고 하지만 근본적인 것은 하나님의 명령을 어긴 데 있다. 마땅히 하나님을 모시고 살아야 하는 가정이 하나님을 내쫓고 살면서부터 가정의 붕괴 현상이 나타나는 것이다.

오늘날 과학 기술과 산업의 눈부신 발전으로 인하여 편리한 전자 제품이 홍수처럼 범람하고 있음에도 불구하고 인류는 점점 가난 속에 빠져들고 있으며 소외와 정신질환이 늘어 가고 있다. 또한 의학과 약품의 발달로 사망률이 점점 줄어드는데도 불구하고 허무의식은 팽배해지고 있다. 전쟁을 싫어하면서도 전쟁을 향하여 한 걸음씩 나아가고 있다.

풍요와 윤택, 편리에도 불구하고 인류가 안고 있는 심각한 병은 도덕적·영적 결함이다. 세계적인 자동차 회사 '포드'의 재단 책임자인 하친스 총재는 "우리가 살고 있는 시대의 큰 문제는 도덕적 문제이고, 지적인 문제이며, 정신적인 문제이다."라고 하였다.

도덕적 결함이 나타나는 이유는 무엇인가? 물론 경제가 무너지는 탓도 있겠지만 그보다는 파괴적인 가정생활에 기인한다. 우리나라도 이혼율이 늘어나고 있으며, 과거의 전통적인 가정 문화가 상실되어 가고 있다. 출세와 권력, 명예를 위주로 자녀를 교육시켜 부모가 과거에 이루지 못했던 영광을 자녀를 통해 차지해 보겠다는 이기주의 때문에 청소년 범죄가 더욱 증가하고 있는 실정이다.

하나님의 형상을 닮게 하라

성경은 자녀가 부모의 소유물이 아니라 "여호와의 주신 기업"(시 127:3)이라고 하였다. 그러므로 자녀는 최선을 다해 교육해야 한다. 자녀교육은 오로지 진실된 사랑과 따뜻한 훈계로 이루어져야 한다. 에이브러햄 링컨의 어머니는 성경의 가르침에 따라 아들을 잘 교육하여 훗날 흑인들을 노예 제도에서 해방시키는 위대한 일을 가능케 하였다.

우리의 자녀들이 자라나 세계의 평화를 위해, 풍전등화격인 국가를 위해, 흑암과 혼란 속에 있는 사회의 질서를 위해 일할 수 있도록 양육해야 할 것이다.

인간은 하나님의 형상을 닮은 존재이다. 자녀를 위대하고 훌륭한 인물로 키운다는 것은 곧 하나님의 형상을 닮도록 교육하는 것이다. 자녀들은 부모의 삶을 보고 배우기 마련이다. 그러므로

PLUS+GOD 자녀의 삶에 하나님을 더하라

인간은 하나님의 형상을 닮은 존재이다. 자녀를 위대하고 훌륭한 인물로 키운다는 것은 곧 하나님의 형상을 닮도록 교육하는 것이다. 자녀들은 부모의 삶을 보고 배우기 마련이다. 그러므로 부모는 자녀들에게 어떻게 행동하는 것이 참다운 인간의 길이며 하나님께 도달할 수 있는 길인가를 모범적으로 제시해 주어야 한다. 자녀들에게 부모의 사랑, 인격, 교양, 신앙을 생활의 거울을 통해 보여 주어야 한다.

부모는 자녀들에게 어떻게 행동하는 것이 참다운 인간의 길이며 하나님께 도달할 수 있는 길인가를 모범적으로 제시해 주어야 한다. 자녀들에게 부모의 사랑, 인격, 교양, 신앙을 생활의 거울을 통해 보여 주어야 한다.

국가와 사회에 이바지하는 길, 세계 평화에 공헌하는 길, 하나님의 크신 뜻을 깨닫는 길이 모두 가정에서 시작된다는 것을 자녀에게 가르쳐야 한다. 자녀들이 일류 대학교에 진학하고 높은 명예와 풍부한 물질을 얻는 것이 행복의 길은 아니다. 어떠한 상황과 환경에 처하더라도, 가장 행복한 삶은 하나님의 가르침대로 살아가는 것임을 자녀와 함께 나누는 부모가 되어야 한다. 흔들리는 가정을 안정시킬 반석은 신앙 외엔 아무것도 없다.

신앙을 모든 교육의 기초로 삼아라

● PLUS GOD TO YOUR CHILDREN

오늘의 가정은 핵가족화, 여성의 사회 진출 증가, 부친의 존재 의식 약화, 물질적 풍요가 역으로 강요하는 정신적 · 심리적 기아감의 증대, 가치관(사회적 가치, 종교적 가치, 문화 의식 등)의 다양한 차이에서 생겨나는 자녀교육의 불안감 등으로 몸살을 앓고 있다. 이러한 현상들이 결국 자녀들의 방임, 과잉보호, 지나친 간섭 등으로 이어져 청소년 문제를 더욱 심각하게 만들고 있다.

그뿐 아니라 학력 편중의 사회 풍조와 경쟁 위주의 학교교육이 가정교육의 기능을 저하시키고 있음이 오늘의 실정이다. 부모를 향한 효와 자녀를 향한 사랑조차도 '성적'을 필수 조건으로 삼는 현상은 다른 나라에서는 찾아보기 힘든 기현상이다. 대학 입시 부정 사건도 부모의 잘못된 사랑과 학력 선호의 악습이 빚어 낸 공동작임은 말할 것도 없다.

그러나 이러한 부정적 현상이 만연된 가운데서도 야채 장사를 하면서 자녀를 서울대 문리대에 입학시킨 부모가 있다. 이들 부모는 비록

+GOD
딸이 있으면 정숙하게 기르되 언제나 엄격하게 다스려야 한다" – 집회서 30:8

야채 장사를 하면서 살고 있지만 두 가지 큰 즐거움으로 하루하루를 감사하면서 살고 있다고 말했다. 한 가지 즐거움은 번 돈의 일부로 자녀에게 책을 손수 사다 주는 즐거움이고, 또 하나는 자녀들과 함께 좋아하는 TV 앞에 앉아 이야기를 나누며 과일을 먹는 즐거움이라고 했다. 그리고 어머니가 사다 준 시집을 들고 시 낭송을 하는 아들의 모습을 바라볼 때 사는 맛을 느낀다고 했다.

유대인 가정에서 어머니가 잠자리에 든 자녀들의 머리맡에 앉아 책을 읽어 주는 것은 단순한 지식 전달이 아니라 부모·자녀 사이에 감정의 조화와 일체감을 갖기 위한 사랑의 지혜임을 말해 주고 있다.

독일에서는 오후 1시부터 3시까지, 그리고 오후 6시 이후에는 어린이 놀이터에서 어린이들을 볼 수 없다. 그것은 노인들이 낮잠을 잘 시간에 떠들면 안 된다는 규율과 저녁 식사 시간은 철저히 지켜야 한다는 가정교육 때문이다.

가정을 제1의 교육 기관으로 삼아라

이스라엘의 전 역사를 통해 볼 때 가정은 교육 기관이었다. 고대 이스라엘의 교육 이념은 하나님 중심의 교육이었다. 이스라엘 부모들은 '하나님은 존재하시는 분이며, 역사하시는 분이며, 말씀하시는 분' 임을 반드시 자녀들에게 가르쳤다.

가정의 본래적·기본적 역할은 부모가 자녀들에게 인간다운 덕성을 키워주는 일이다. 격심한 사회 변화의 와중에서도 자신감을 가지고 살아갈 수 있는 인간, 그러면서도 그 자신의 삶을 보다 나은 것으로 향상시킬 수 있는 인내와 노력을 하는 인간, 다른 사람의 기쁨을 내 기쁨으로 삼고 다른 사람의 슬픔을 함께 슬퍼할 수 있는 인간, 그리고 이웃과의 협력에 있어 헌신을 아끼지 않는 인간으로 키우는 일이다.

다시 말해 가정은 자녀의 삶의 방향을 바로잡아 주는 곳이다. 인격체로서 마땅히 걸어가야 하는 길을 자녀에게 가르쳐 주는 곳이다. 자녀들은 우리의 생명의 연장이고 희망이며 내일이다. 자녀들은 결코 부모의 소유물이 아니다. 자녀는 하나님께서 우리에게 주신 선물이다. 성경은 우리의 자녀에 관해 "여호와께서 주신 기업"이라고 하였으며 "하나님의 상급"이라고 했다(시 127:3).

그러나 우리는 자녀를 잘못된 길로 이끌어 자녀의 가시가 되고, 자녀의 힘이 아니라 원수가 되는 사례를 흔히 목격하고 있다. 우리는 하나님의 기업인 자녀를 신앙의 자산을 통해 길러야 한다. 돈 버는 일, 명예와 권력을 얻는 일에만 관심을 기울이지 말고 "마음을 다하고 성품을 다하고 뜻을 다해" 자녀교육에 힘써야 할 것이다. 자녀는 하나님께서 추수하실 열매이기 때문이다.

모든 교육의 기초를 신앙교육으로 하라

자녀교육에 있어서 진정으로 중요한 것은 물리적 환경이 아니라 영적 분위기이다. 이스라엘 백성들은 오직 한 분이신 하나님을 믿고, 그 하나님을 섬기고 예배드려야 할 것을 가르쳤다(레 19:2). 자녀에게 좋은 옷을 입히고 기름진 음식을 먹이고 많은 교육을 시킨다고 해서 부모의 임무를 다하는 것은 아니다. 가장 중요한 것은 영적으로 올바른 존재가 되느냐 그렇지 못하느냐 하는 것이다. 아무리 자녀를 좋은 환경 가운데 교육했어도 하나님의 자녀로서 영생을 얻게 하지 못한다면 그것은 비극이다.

예수님께서는 "사람이 만일 온 천하를 얻고도 제 목숨을 잃으면 무엇이 유익하리요"(마 16:26)라고 말씀하셨다. 그러므로 부모들은 자녀들을 어릴 때부터 전력을 기울여 영적 존재로 키워야 한다. 성장해서 예수님을 믿기란 매우 어렵다. 하나님께서는 자녀의 신앙교육에 각별한 관심을 갖고 계시다는 사실을 기억하자[잠 22:6].

많은 사람들이 자녀를 일류학교에 보내면 모든 교육이 끝난 줄로 알고 있다. 이것은 큰 착각이다. 왜냐하면 모든 교육의 기초는 신앙교육이기 때문이다. 그러므로 지식 교육보다 더 절실하게 필요한 것은 신앙교육이다. 신앙교육은 가정에서부터 시작된다. 부모는 먼저 가정에서 말을 잘 사용해야 하며 말의 중요성을 자녀에게 가르쳐야 한다. 어린이가 가정에서 제일 먼저 배우는 것이 말이다. 그런데 말을 잘 배우게 하려면 성경을 읽게 해야 한다. 부모는 자녀에게 성경에서 우러나오는 긍정적이고 창조적인 말, 남을 축복하고 사랑하고 용서하는 말, 아름답고 온유한 말을 가르쳐야 한다.

부모는 가정에서 자녀에게 삶의 가치관을 확립시켜 주어야 한다. 가치 부재, 가치 혼란, 가치 소멸이 횡행하는 오늘의 세계에서 어린이와 젊은이들에게 건전한 삶의 방향을 제시해 주는 가치관 교육이 시급하다. 가치관이란, 한 인간의 삶을 보람 있고 유용하게 영위해 나갈 수 있는 정신적 바탕이다. 구약의 「잠언」, 외경의 「집회서」는 다음과 같이 자녀교육의 지침을 주고 있다.

"아들이 있거든 잘 기르되 어려서부터 잘 길들여야 한다"[집회서 7:23]

"딸이 있으면 정숙하게 기르되 언제나 엄격하게 다스려야 한다"[집회서 30:8]

"자식은 젊을 때에 길을 잘 들여야 하고 어릴 때부터 회초리로 키워야 한다"[집회서 30:12]

"아이를 훈계하지 아니치 말라 채찍으로 그를 때릴지라도 죽지 아니하

리로다"^(잠 23:13)

그러나 요즘의 부모들은 엄격하게 아이들을 교육하지 못하고 있다. 부모는 자녀가 잘못했을 때 분명히 지적해서 고쳐 주어야 하며 경우에 따라서는 매도 들어야 한다. 이렇게 할 때 우리의 자녀는 올바른 삶의 가치관을 가지고 훌륭한 인격자로 성장할 것이다.

또한 부모들은 자녀의 미래에 관하여 관심을 가져야 한다. 어린이는 나름대로의 개성과 소질을 가지고 태어난다. 부모는 이것을 잘 계발시켜 주어야 한다. 그런데 많은 부모들이 이를 무시하고 자녀를 통하여 자신의 욕망을 성취하려고 하며 출세일변도의 교육을 시키고 있다. 이로 인하여 어린이들이 받는 상처는 정서와 인격에 적지 않은 영향을 미친다. 인간에게는 누구나 숨은 소질과 개성이 있다. 부모가 자녀들의 숨은 소질을 계발시켜 주느냐 그렇지 못하느냐에 따라 자녀의 인생에 있어서 행복과 불행이 결정된다. 부모가 신앙 안에서 자녀의 개성과 소질을 존중할 때 우리의 자녀는 행복한 생활을 하며 하나님께 영광을 돌리게 될 것이다.

기독교 가정의 부모들에겐 '인생'과 '성공'에 대한 올바른 가치관이 있어야 한다. 최선을 다해 자녀를 교육하되, 자녀들이 하나님을 잘 경외하고 섬기는 바탕 위에서 교육이 이루어져야 한다. 성경, 위인전, 동화책을 자녀와 함께 읽으면서 하나님의 가르침을 상기하고, 자녀의 소질과 개성이 무엇인지를 살펴야 한다. 신앙과 사랑 그리고 꿈이 조화롭게 넘치는 가정을 가꾸기 위해 부모는 최선을 다해야 한다.

아버지가 신앙을 교육하라

PLUS GOD TO YOUR CHILDREN

많은 가정들이 자녀 문제들을 껴안고 부모 자신도 모르는 사이에 큰 낭떠러지에 서 있다. 이러한 와중에서 우리 가정만은 예외라고 자신 있게 말할 수 있겠는가? 모두가 자녀들을 잘 키워 보려고 정성을 다하고 있지만 부모의 뜻대로 되지 않는다. 교육의 가치관과 방법론이 잘못되었기 때문이다.

가정에서의 신앙교육은 가족 특히 부모와 자녀 간의 유기적인 관계에서 이루어진다. 가정은 자녀들에게 처음으로 신앙에 관해 가르치는 곳이다. 왜냐 하면 가정은 자연스럽게 신앙적인 생활을 할 수 있는 특성을 지니고 있기 때문이다.

예를 들어 식사 전에 감사 기도를 한다든가 취침 전에 기도를 하도록 가르치는 것을 통하여 자녀들은 자연스럽게 신앙을 갖게 된다. 이때 부모가 자녀와 함께 기도하면 그 자녀는 부모의 음성이나 태도에서 하나님의 임재를 느끼게 된다.

그러므로 부모는 자녀들이 가정 안에서 하나님의 임재와 손길을 확신할 수 있도록 도와주어야 한다. 자녀들이 부모의 가르침을 받아들이려면 부모의 삶이 성경의 바탕 위에서 움직여야 한다. 부모의 신실한 삶이 자녀에게 신앙을 공급하는 원천이 되어야 한다.

규칙적으로 기도하고 성경을 읽는 부모의 삶은 자녀들을 하나님께로 인도하는 통로가 되는 동시에 신앙 형성의 마당이 된다. 신명기 6장 6절에서 9절의 말씀처럼, 부모는 '하나님의 말씀을 자기 마음에 새기고', 이것을 바탕으로 하나님의 말씀을 자기 자녀에게 가르쳐야 한다. 이스라엘의 전통에 따르면 하나님의 말씀은 아버지가 가르쳐야 한다. 어린아이가 태어나면 3세까지는 자연 상태로 자라게 둔다. 4세가 되면 정월 초하루부터 아버지가 성경 말씀을 가르치면서 유월절, 장막절, 나팔절 등의 내력을 말해 준다.

우리나라의 아버지들 중엔 자녀가 잘못되면 아내를 향해 "당신 뭐 하는 사람이야! 돈벌어다 주니까 애들을 이따위로 길러?" 하고 다그치는 경우가 있다. 그러나 성경적인 전통에 비추어 보면 이런 말은 통하지 않는다. 아버지는 반드시 자녀들에게 하나님의 말씀을 가르치게 되어 있다. 이것이 곧 성경적인 전통이다. 이스라엘의 민족 신앙이 포로 생활 속에서도 계승될 수 있었던 것은 바로 아버지의 신앙교육이 있었기 때문이다.

아버지가 자녀에게 성경 말씀을 유산으로 물려주는 신앙의 전통이 있었기에 2,000년 세월이 흘러도 유대인들은 그 신앙의 정체성을 잃어버리지 않았던 것이다. 이것이 유대인의 자녀교육이다. 이러한 교육이 없었다면 유대인들은 이스라엘을 회복할 수도, 민족의 생명을 보전할 수도 없었을 것이다. 그들은 종살이하는 신세였지만 하나님의 말씀을 철저한 신앙으로 지켰기에 해방의 희락을 얻었다.

이스라엘 민족은 어린아이가 밖에 나가면 손목에다 하나님의 말씀을 매어 주고, 이마에는 성경 말씀이 적힌 띠를 두르고 나가게 한다. 어린이들은 하루 종일 즐겁게 놀지만 저녁에 돌아와 식사하기 전에 그날 머리띠에 적힌 말씀을 암송해야 한다. 암송하지 않으면 밥을 주지 않았다. 이때 암송의 확인은 언제나 아버지가 담당했다.

유대인들은 자그마한 가죽 지갑이나 주머니에 성경 말씀을 넣고 문설주에 매단다. 4살 된 어린 아이가 밖에 나갈 때는 반드시 말씀이 들어 있는 주머니에 입을 맞추고 "여호와시여, 내 평생에 나를 인도하십시오."라고 얘기하게 한다. 들어올 때에도 말씀이 들어 있는 주머니에 입을 맞추고 다시 그 말을 반복하게 한다. 그렇게 하지 않으면 아버지는 자녀를 책망하며 채찍으로 엄격하게 훈계한다.

이스라엘의 신앙은 이렇게 이어져 왔다. 우리나라의 크리스천 가정에서도 아버지들이 유대인의 자녀교육을 모델로 삼는다면 자녀의 신앙을 기르는 데 큰 도움이 될 뿐 아니라 가정의 신앙을 대대로 전승하는 전통을 세우게 될 것이다.

목적이 있는 신앙교육을 전승시켜라

● PLUS GOD TO YOUR CHILDREN

"너는 이 두루마리를 먹고 가서 이스라엘 족속에게 고하라"(겔 3:1). 두루마리를 먹으라는 것은 하나님의 말씀을 먹으라는 뜻이다. 하나님의 말씀은 꿀보다 더 달다고 했다. 이스라엘에서 부모들이 어린아이에게 주는 꿀 과자는 성경 말씀과 연결된다. 그 관계는 조건 반사와 같다. 어린 자녀들이 성경 말씀을 읽고 암송할 때마다 부모는 이것을 칭찬하면서 자녀에게 꿀 과자를 주었다.

유대인들은 이국 땅을 전전하면서도 민족의 신앙을 지키고, 하나님의 말씀으로 자녀들의 영혼을 보호했다. 그들은 장사를 하여 상업을 발달시키고 자본을 축적했다. 그 축적된 자본을 자녀들의 교육에 집중적으로 투자하였다.

이스라엘 민족은 열 가정만 모이면 랍비 한 분을 전임 교사로 모시고 온다. 랍비는 부모와 자녀들의 신앙을 지도한다. 어린아이 한 명 한 명을 놓고 말씀으로 교육하면서 그 아이의 장래까지도 랍비가 책임진다. 자녀의 장래에 대한 결정은 랍비가 내린다. 다시 말해 어떤 학생이

법과대학을 가는 것이 좋을지 예술대학을 가는 것이 좋을지에 대한 결정을 내려야 할 때, 부모의 의견과 본인의 소질과 담임 교사의 의견 등을 종합하여 마지막 결정은 랍비가 내린다.

유대인들은 자녀에게 공부를 시켜서 학문에 소질이 없다고 판단되면 일찍부터 장사길로 보낸다. 만일 장사에도 소질이 없으면 장인(匠人)을 만든다. 기술을 연마시켜 전문가를 만드는 것이다. 보석 세공, 특히 다이아몬드 세공에서는 유대인이 세계 최고의 수준을 자랑한다.

그리고 머리가 좋고 공부에 소질이 있는 아이는 어려서부터 학문을 하게 한다. 아이가 학문에 자질이 있으면 부모의 재력(財力)은 아무 문제가 되지 않는다. 공동체 전체가 그 아이의 공부를 물질적으로 후원하기 때문이다. 유대인들은 다른 사람의 자녀들도 우리 공동체의 자녀이고, 민족의 자녀이고, 여호와 하나님의 자녀라고 생각한다. 이 얼마나 훌륭한 생각인가?

이러한 모든 교육 과정과 진로를 판단하고 결정하는 사람은 랍비이다. 신앙의 전통이 랍비에게 그만한 권위를 허락한 것이다. 노벨상 수상자들의 30퍼센트 이상이 유대인들에게서 나온 비결도 랍비의 정신적 가르침과 공동체의 노력 때문이다. 학업에 소질이 없는데도 불구하고 무조건 대학에 가라고 하는 우리나라의 교육적 사고방식과는 상당한 차이가 있다.

이스라엘 교육의 전통은 바벨론 포로 시절 말씀 중심의 교육에서부터 시작되었다. 이들은 말씀 중심의 교육을 교육의 원칙으로 삼았다. 이스라엘 민족은 신앙과 지성에 있어서 탁월한 아이들을 랍비 학교 즉 신학교에 보낸다. 최고의 수재들이 랍비가 되는 것이다.

우리 교인들의 가정에서는 신앙교육이 잘 이루어지고 있는가? 사실 교회에서는 그럴듯한 집사, 권사, 장로들이지만 집에 가서는 자녀들과 함께 하나님의 말씀을 읽는 모습도, 기도하는 모습도 보이지 않는다. 신앙과 교육이 분리되어 있는 것이 우리나라 크리스천 가정의 현실이다.

이스라엘의 신앙은 수천 년 동안 가정교육을 통해 전승되어 왔다. 그런데 우리나라의 아버지와 어머니는 장로도 되고 권사도 되지만 가정 안에서 체계적인 신앙교육을 하지 않는다. 자녀가 성경 말씀을 얼마나 알고 기도는 얼마나 하는지 살펴보지도 않는다. 교회에서 배운 것을 생활 속에서 어떻게 적용할 것인가에 대해서도 자녀에게 아무런 말을 들려주지 못한다. 자녀를 신앙의 바탕 위에서 하나님의 자녀로 성장시킬 책임이 부모에게 있음을 통감해야 한다. 유대인들이 랍비를 통해 자녀에게 신앙을 교육시킨 것도 반드시 가정의 신앙교육과 연계성을 맺었다는 사실을 상기할 필요가 있다.

자녀를 신앙의 바탕 위에서 하나님의 자녀로 성장시킬 책임이 부모에게 있음을 통감해야 한다. 유대인들이 랍비를 통해 자녀에게 신앙을 교육시킨 것도 반드시 가정의 신앙교육과 연계성을 맺었다는 사실을 상기할 필요가 있다.

가정예배에서 교육을 시작하라

자녀에게 신앙을 통해 인격을 갖도록 교육하는 일은 쉬운 일이 아니다. 여기에는 부모의 많은 노력과 지혜가 필요하다. 당장 눈에 나타나는 과외 공부나 피아노, 미술 교육보다도 어릴 때에는 신앙교육에 더 중점을 두어야 한다. 기초가 튼튼하면 높은 건물을 지을 수 있듯이 신앙교육의 기초는 가정예배를 통해 이루어질 수 있다.

청소년 문제가 날로 심각해지고 있는 이때에 우리 자녀들의 신앙교육을 위해 새로운 각성과 영적 성장이 너무나도 절실하다. 자녀의 신앙교육을 위해서 가정예배의 중요성을 인식하고 그 방법을 연구하여 이를 실천해야 한다.

가정을 신앙교육의 현장이라고 볼 때 가정예배는 기독교 정신을 기르는데 커다란 도움이 된다. 가족들이 함께 모여 예배드림으로써 하나님이 살아 계심을 체험하게 되며, 하나님이 가정생활의 중심이심을 깨닫게 된다. 따라서 가정예배는 자녀를 그리스도안에서 교육하는 최상의 방법이다.

교회에서 뿐만 아니라 일상생활 속에서도 끊임없이 하나님께 예배를 드려야 한다. 그러므로 가정예배는 즐거운 마음과 분위기 속에서 자연스럽게 드려질 수 있도록 하는 것이 좋다. 가정예배는 자녀에게 어릴 때부터 성경을 알게 하고 기도의 훈련을 쌓게 한다. 또한 가정예배로 인하여 가족이 그리스도를 중심으로 일체감을 갖게 된다.

가정예배를 통하여 자녀들은 부모의 겸손함과 신실함을 느끼고 그것을 마음속으로 받아들인다. 이렇게 된다면 자녀들의 신앙이 형성되면서 인격까지도 자라나게 된다. 자녀들이 성장하여 가정을 이루게 될 때에도 다음 세대의 자녀에게 가정예배를 통해 신앙의 유산을 물려주게 될 것이다.

그러므로 부모는 가정예배의 중요성을 인식해야 한다. 비록 바쁜 일상 생활 속에서 온 가족이 한 자리에 모여 앉기가 매우 어렵다 해도 가정예배의 전통만큼은 지키고 계승해야 한다.

가정예배를 가장 효과적으로 드리려면 어떻게 해야 하는가? 그 방법은 어려운 것이 아니다. 부모를 중심으로 자녀들이 자연스럽게 둘러앉아 예배의 자리를 정돈하고, 아버지가 성경 몇 구절 읽고 기도한 후 다 함께 찬송 부르고 주기도문으로 마친다. 중요한 것은 온 가족이 한마음, 한 뜻으로 하나님께 예배드린다는 사실이다.

어떤 가정에서는 식사 기도를 하기 전에 자녀들로 하여금 성경을 한 구절씩 외우게 한 후 아버지가 그 말씀을 간단히 설명한다. 그리고 한 사람도 빠짐없이 돌아가면서 가족을 위해 간단하게 기도하고, 마지막으로 남은 한 사람이 식사 기도를 한 후에 식사를 시작한다.

또 어떤 가정은 저녁 식사가 끝나면 그 자리에서 성경을 읽고 기도 제목을 나누며 질문도 하고 토론도 하는 자유로운 가정예배 시간을 갖기도 한다.

또 다른 가정은 식탁 옆에 커다란 칠판과 세계 지도를 걸어 놓는다. 칠판에는 기도 제목과 그 기도의 응답 받은 날을 적게 하고 세계 지도에는 선교 지역을 표시하게 하여 선교에 대한 열정을 심어 주기도 한다.

한 마디로 가정예배란, 일정한 형식에 매이거나 강제성을 띠는 것보다 온 가족이 즐겁고 활발하게 참여할 수 있도록 하는 것이 가장 효과적이다. 가정마다 생활 양식과 자녀들의 연령에 따라 그 방법을 다양하게 전개할 수 있다. 이와 같이 가정예배는 가족 모두가 예배의 인도자가 될 수 있고 예배의 각 순서를 맡을 수 있다는 점에서 교육적인 효과가 매우 크다.

가정예배는 자녀들 중 맏이를 사회자로 하여 기도문 낭독, 성경 교독, 찬송, 대표 기도, 성구 암송 등으로 진행할 수 있다. 가정예배의 횟수는 하루 한 번에서 일주일에 한 번 정도까지 각 가정의 형편에 따라 정할 수 있으며 특히 명절이나 가족들의 생일에는 반드시 온 가족이 모여 가정예배를 드리는 것이 바람직하다.

가정예배 시간은 하루 중 새벽이 가장 좋은 시간이지만 그것도 각 가정의 형편에 따라 가족 모두가 잘 모일 수 있는 시간을 정하는 것이 좋다. 소요 시간은 20분에서 1시간까지 자녀들의 연령과 가족의 사정에 따라 다양하게 가질 수 있다.

가정예배 이외에 가족들이 함께 주일 성수, 부활절 행사, 추수감사절 행사, 성탄절 행사 등을 준비하여 참여하면, 가정과 교회를 구분하지 않고 모든 삶이 신앙의 반석 위에 놓일 것이다.

신앙의 유산을 물려주어라

● PLUS GOD TO YOUR CHILDREN

가정의 중요성은 아무리 강조해도 지나침이 없을 것이다. 우리의 생활에서 가정의 평화와 행복보다 더 중요한 것은 없다. 교회보다 가정이 더 중요하고 국가보다도 가정이 더 중요하다. 이는 교회와 국가가 튼튼하려면 가정이 건전해야 하기 때문이다.

가정에서 자녀는 매우 중요한 존재이다. 많은 부모들은 자녀를 위해서 일생을 바친다. 우리나라 부모들은 서양의 부모들보다 자녀에 대한 관심이 더 많다. 우리나라 부모들이 자녀에 대하여 관심을 쏟는다고 할 때, 첫째는 자녀의 건강이고 둘째로는 자녀들에 대한 올바른 교육이다.

자녀교육에 대해서는 오래 전부터 많은 관심을 기울여 왔으나 최근에는 그 관심이 더욱더 고조되고 있다. 이것은 무척 다행스러운 일이다. 그러나 우리나라의 교육은 그 동안 정서 교육 · 인격 교육보다는 지식 교육 · 기능 교육에 치중함으로써 청소년의 균형적 성장을 저해하였다. 이제부터라도 전인 교육의 지표와 방법론을 신앙교육과 결합시켜 모든 교육 분야로 확대할 필요가 있다.

미국의 정부는 자국(自國)의 교육이 실패로 돌아갔다고 발표한 바 있다. 미국 인구 중에서 2,300만 명이 실질적으로 문맹이라고 한다. 자타가 공인하는 선진국으로서 대단한 수치가 아닐 수 없다. 비단 문맹의 현상뿐만 아니라 청소년들의 문란한 성행위와 자살, 총기 난사 사건들은 미국 교육의 현주소를 말해 준다. 교육의 지적 수준은 높아졌으나 인간성에 대한 교육은 실패하였다고 볼 수 있다.

미국의 교육이 퇴보할 수밖에 없었던 것은 교육 철학의 부재에 기인한다. 건국 이래 미국 국민들에게 정신적 지주 역할을 해 왔던 교육철학은 성경을 바탕으로 한 기독교 정신이었다. 그러나 물질적 풍요와 편리 속에서 교회를 찾는 신자들의 발길이 줄어들면서 가정의 예배와 학교의 성경 교육이 사라져 가는 것이 미국 교육의 퇴보를 가져온 결정적 원인이 되었다고 할 수 있다.

이러한 현상을 바라보면서 나는 1991년 한국기독청소년교육원을 개설한 후 그 교육 이념으로 "모든 교육의 기초는 신앙교육이다."라고 강조해 오고 있다.

성경은 자녀교육을 말할 때 신앙교육을 더욱 강조하고 있다. 신명기 6장, 11장, 31장 등 구약의 많은 부분에서 신앙교육을 특히 강조하고 있으며, 자녀의 인격을 손상시키지 말라는 뜻으로 "또 아비들아 너희 자녀를 노엽게 하지 말고 오직 주의 교양과 훈계로 양육하라"(엡 6:4)고 명령하셨다.

사람의 성장에 있어서 부모의 가르침은 매우 중요하다. 자녀들이 부모에게서 받은 교육 중 무엇을 가장 인상적인 것으로 기억할까? 입시 위주의 공부만을 강요하는 부모로서 기억되기보다는, 하나님의 말씀을 통해 이웃에 대한 사랑과 섬김을 가르치는 부모로서 기억되어야 할 것이다.

어떤 학원에 보내야 하는지, 과외를 시켜야 하는지, 그리고 해외 유학을 보내야 하는가 등의 문제도 중요하지만 아이들을 신앙적으로 교육하는 것은 더욱 중요한 문제이다. 부모들은 자녀를 상전처럼 받들어서도 안 되고, 물건을 다루듯이 홀대해서도 안 된다. 오직 하나님께서 우리를 귀한 생명으로 대우하신 것과 똑같이 자녀를 존중해 주어야 한다.

매년 어린이날이 돌아오면 부모들은 자녀들에게 어떤 선물을 할 것인가 하는 문제로 고민한다. 그러나 "자녀를 어떻게 신앙으로 교육할 것인가?"에 대해 심사숙고해 보는 부모는 그리 많지 않다. 아동 교육 전문가들은 자녀의 학교 성적에 대한 부모의 지나친 욕구가 자녀들을 점점 더 이기적인 아이로 만들고 있다고 지적한다. 이 때문에 자녀들이 부모로부터 듣는 명령 중에서 가장 많은 빈도수를 보이는 것은 "공부하라."는 말이다.

자녀들을 학원에 보내는 일은 기뻐하면서도 부모와 자녀들이 함께 가정에서 하나님께 예배드리는 일은 등한시하고 있는 것이 오늘날 기독교 가정의 실정이다. 어린이 교육 전문가인 강정훈 목사는 "부모들이 가정에서 자녀와 함께 예배드리는 것에 소홀한 까닭에 여기에서부터 불행한 일들이 발생하고 있다."고 주장한다.

이러한 현실에서 우리 크리스천 가정의 부모는 자녀를 어떻게 가르쳐야 할 것인가? 잠언 22장 6절에는 "마땅히 행할 길을 아이에게 가르치라. 그리하면 늙어도 그것을 떠나지 아니하리라"고 하였다. 교육학자들은 사람의 사고와 인격은 대개 여섯 살 이전에 형성된다고 말한다. 따라서 자녀의 어린 시절부터 신앙교육에 각별한 관심을 가지고 전력을 기울여 양육한다면 자녀는 그 교훈을 받아들이고 하나님의 사람으로서 살아가게 될 것이다.

이스라엘의 지도자 모세는 어머니의 젖을 뗀 후 애굽의 왕국에서 왕

자로서의 교육을 받았다. 그러나 유모로 들어온 친어머니로부터 신앙교육을 받았기 때문에 그의 의식 속엔 늘 하나님의 가르침이 살아 있었다. 이러한 신앙교육이 밑바탕을 이루었기에 그는 40세에 민족 해방을 기도하게 되고, 결국 미디안 광야에서 40년 동안 영적 훈련을 쌓은 후 이스라엘 백성을 애굽에서 구출할 수 있었던 것이다.

부모들이여! 자녀들이 여러분의 품안에 있을 때 그들에게 철저히 신앙을 교육해야 한다. 하나님을 경외하고 말씀의 중심에 서도록 해야 한다. 금은보화를 물려주는 것보다 신앙을 물려주는 것이 가장 위대한 유산임을 기억하자.

기독교 신앙은 필자가 할아버지와 아버지로부터 물려받은 가족의 전통이자 유산이다. 필자는 어렸을 적에 할아버지로부터 천자문을 배우면서 자연스럽게 유학(儒學)에 관한 교육을 받을 수 있었다. 필자는 이 유학 교육을 아버지인 조용효 장로에게서 더욱 구체적으로 전수받았다. 필자가 중요하게 여기는 사람 간의 도리, 예의, 질서에 관한 신념 등은 이러한 유학 교육에서 얻은 것들이다. 그러나 필자의 아버지는 필자에게 유학뿐만 아니라 기독교 정신에 관해서도 가르쳐 주셨다. 나에게 신앙의 문을 열어 주신 것이다.

필자의 아버지는 유학 교육을 통해 필자에게 책을 읽을 수 있는 지적(知的) 분위기를 일깨워 주셨고, 이와 동시에 기독교 정신의 씨앗을 필자의 가슴 속에 심어 놓으셨다. 그러나 아버지의 삶 속에서 기독교 정신과 유학의 정신은 서로 조화를 이루지 못하고 있었다. 필자가 중학생이 된 이후에 필자의 내면 세계 속에서 기독교 신앙과 유학의 덕성이 자연스럽게 어울리기 시작했다. 유학이 필자에게 남겨 놓은 독서의 중요성과 기독교가 필자에게 안겨준 믿음, 소망, 사랑이 서로 조화를 이루기 시작했다. 필자는 20세의 나이에 가까이 다가갈수록 기독교 신앙을 강화하기 위해서는 무엇보다도 독서 교육이 필요하다는 것을 깨닫게 되었다.

이 세상의 모든 문제를 해결해 줄 수 있는 책은 『성경』밖에 없다는 확신을 갖게 되면서부터 필자는 '독서가 없는 신앙은 모래 위에 집을 짓는 것과 같다.'는 생각을 갖게 되었다. 또한 "신앙 없는 독서는 인본주의로 타락할 수밖에 없다."는 결론을 내리게 되었다. 이러한 신념을 자양분으로 삼아 인생의 꽃밭을 가꾸어 왔기 때문에 필자는 하나님으로부터 대학교수의 직분을 받을 수 있었다. 하나님께서 필자에게 대학교수의 직분을 허락하신 것은 "신앙교육과 독서 교육의 조화를 통해 사람들을 전인(全人)으로 키워 내라."는 사명 때문임을 알게 되었다.

필자는 필자의 할아버지와 아버지로부터 물려받은 기독교의 정신세계를 더욱 구체화시켜서 가정예배를 통해 필자의 자녀들에게 신앙의 유산을 물려줄 수 있었다. 필자의 자녀들은 대학교에 입학하기 전까지 아버지인 필자에게서 단 하루도 빠짐없이 '책을 읽고 독후감을 쓰는 훈련'을 받았다. 필자에게서 신앙의 유산과 함께 독서 교육의 전통을 물려받은 아들·딸들은 결혼 후에 태어난 각자의 자녀들에게 매일같이 성경을 읽히고 있다.

그들은 어린 자녀들이 성경의 관점에서 모든 책을 읽을 수 있도록 신앙교육의 바탕 위에서 독서 교육을 준행하고 있다. 필자의 손자와 손녀들도 부모의 손길을 통해 할아버지가 남겨 놓은 신앙의 유산과 독서의 선물을 받고 있는 것이다. 그 결과, 손자·손녀들의 삶 속에 영성(靈性)이 뿌리를 내리고 지성의 줄기와 정서의 가지와 도덕성의 잎새가 맺히는 아름다운 풍경을 지금 흐뭇한 마음으로 바라보고 있다.

　신앙의 유산을 물려받아라! 그리고 이 유산 위에 독서의 양식을 더하라! 그리하면 누구든지 인생의 나무에 반드시 전인(全人)의 열매를 맺게 될 것이다.